D0508427

clave

STEPHANIE CLEMENT

Meditación
PARA PRINCIPIANTES

Traducción de
Victoria Pierro

DEBOLS!LLO

Meditación para principiantes

Título original: *Meditation for Beginners. Techniques for Awareness, Mindfulness & Relaxation*

Primera edición en Debolsillo: abril, 2016

D. R. © 2003, Stephanie Clement

D. R. © 2016, derechos de edición mundiales en lengua castellana:
Penguin Random House Grupo Editorial, S. A. de C. V.
Blvd. Miguel de Cervantes Saavedra núm. 301, 1er piso,
colonia Granada, delegación Miguel Hidalgo, C. P. 11520,
México, D. F.

www.megustaleer.com.mx

D. R. traducción de Victoria Pierro

D. R. Kevin R. Brown, Departamento de Arte de Llewellyn
por la ilustración en la p. 25

D. R. Gavin Dayton Duffy, Departamento de Arte de Llewellyn
por las ilustraciones en las pp. 40-44, 106 y 126

La presente es una reedición de:
Meditación para principiantes
D. R. © 2003, Stephanie Clement
Publicado por Llewellyn Publications
Woodbury, MN, 55125, USA
www.llewellyn.com

ISBN: 978-607-314-265-6

Impreso en México – *Printed in Mexico*

El papel utilizado para la impresión de este libro ha sido fabricado a partir de madera procedente
de bosques y plantaciones gestionadas con los más altos estándares ambientales, garantizando
una explotación de los recursos sostenible con el medio ambiente y beneficiosa para las personas.

Penguin
Random House
Grupo Editorial

La meditación es una manera segura para que usted explore tanto su mente interna como las manifestaciones de la realidad trascendental. Por medio de la meditación, usted conocerá todas las facetas de su propia personalidad, incluyendo las buenas, las malas y cualquier otra. De la misma manera, se pondrá en contacto con la vasta naturaleza del universo de una forma profunda, confortable y saludable. Aprenderá también a ser paciente consigo mismo y con los demás. Finalmente, adquirirá una perspicacia imposible de obtener de otro modo.

STEPHANIE CLEMENT

ACERCA
DE LA AUTORA

Stephanie Clement tiene una maestría en psicología humanista y un doctorado en psicología transpersonal. Es astróloga profesional y miembro de la mesa directiva de la Federación Americana de Astrólogos de los Estados Unidos. Es también hipnoterapeuta certificada y miembro de la Universidad Kepler de las Artes y Ciencias Astrológicas en Washington, Estados Unidos.

Para escribir a la autora

Para contactar o escribir a la autora, o para obtener más información sobre este libro, envíe su correspondencia a Llewellyn Español. La casa editorial y la autora agradecen su interés y sus comentarios sobre la lectura de este libro y sus beneficios obtenidos. Llewellyn Español no garantiza que todas las cartas enviadas serán contestadas, pero le asegura que serán remitidas a la autora. Favor de escribir a:

STEPHANIE CLEMENT, PH.D.
% Llewellyn Español
P.O. Box 64383, Dep. 0-7387-0266-8
St. Paul, MN 55164-0383, U.S.A.

Incluya un sobre estampillado con su dirección y $US1.00 para cubrir costos de correo. Fuera de los Estados Unidos incluya el cupón de correo internacional. Para obtener mayor información, visite nuestro sitio web: http://www.llewellynespanol.com

ÍNDICE

EJERCICIOS

INTRODUCCIÓN

¿Qué es exactamente
la meditación?

[Durante la meditación] la consciencia cambia a un estado
de sabiduría dentro del reino de lo trascendental o dentro
del mundo de la forma abstracta, enfocándose en sí misma.

ALICE BAILEY, *Astrología esotérica*

Es más fácil decir lo que no es la meditación. Meditación no es
el relajarse en su sillón reclinable a ver el juego de futbol los
domingos. Meditación no es hipnotizarse con las líneas puntea-
das de la carretera mientras conducimos. Meditación no es sentarse pasmado mirando a través de la ventana, en lugar de trabajar.

El proceso de meditación, como se muestra en este libro, es
acerca de enfocar su atención, no sus pensamientos. En ciertos
sistemas de meditación, ni siquiera es acerca de cómo enfocar su
atención, sino de cómo relajar su mente y su cuerpo. Debido a
que hay muchas maneras de meditar y un sinnúmero de metas
para hacerlo, no existe una definición que cubra todas las posibilidades.

Las definiciones del diccionario se refieren a las propieda-
des que se asocian con la meditación. La primera definición en la

décima edición del *Diccionario Webster Universitario* no es acerca de cómo meditar. Tiene que ver con los resultados de la meditación o reflexión. Este volumen menciona que "la meditación es un discurso que intenta expresar las reflexiones de su autor o que sirve de guía para otras personas en estado de contemplación". Es un trabajo escrito después de que alguien ha considerado ampliamente el tema, y para el uso de otras personas.

La segunda definición, al igual que la primera, no es de gran ayuda. Nos dice que la meditación es el "acto o proceso de meditar". Mmm, esto es algo que ya sabíamos. Así que, ¿qué quiere decir exactamente *meditación*?

Meditación se deriva de la palabra latina *meditari*, que significa "entrar en contemplación o reflexión". También significa "enfocarse en sus propios pensamientos" en algo o "reflexionar en, o cavilar" acerca de alguna cosa. Una tercera definición es "planear o proyectar con la mente", intentar, o desarrollar un propósito. Hasta ahora, el significado que más nos ayuda es el que se refiere a enfocarse en sus pensamientos, pero ésa tampoco es la verdadera intención de la meditación. La definición de la palabra *meditar* en la novena edición del *Diccionario Webster Universitario* menciona el término latino *mederi*, que significa "remediar, aliviar" (es la raíz de la palabra *medicinal*), y el vocablo griega *medesthai*, "estar consciente de".

A primera vista, estas definiciones no nos ayudan mucho a explicar cómo meditar. De hecho, son demasiado engañosas. Analicemos las palabras *intentar* y *propósito*, que mencionamos anteriormente.

Ahora, consideremos la frase "estar consciente de" o simplemente "estar consciente". La meditación es también conocida como "distracción mental" o "distracción mental entrenada". En lugar de dejar la mente vagar por donde le plazca, podemos entrenarla a enfocarse. La meditación es acerca de cómo relajar la mente, enfocar su atención y alcanzar un propósito o una meta. Este libro explora las tres áreas siguientes:

1. Usted encontrará diversas maneras para relajar el cuerpo y la mente.
2. Aprenderá a enfocar su atención y podrá practicar los ejercicios que encontrará a lo largo de esta obra.
3. Encontrará propósitos para meditar, y metas que podrá lograr cuando medite.

¿Qué quiere decir esto de los límites y qué tiene que ver con la meditación? Cuando pensamos en nosotros mismos, creemos que en nuestro hay dos diferentes entidades. "Vivo dentro de mi cuerpo/mente, y el resto del mundo está fuera de mi alcance. Estoy creando un límite a mi alrededor". Ese límite no es enteramente lógico. Cada vez que respiro, inhalo un aire que definitivamente ha estado en los pulmones de otra persona. Me alimento con comida que ha sido reciclada una y otra vez. En mi diario contacto con las otras personas busco hacer conexiones para sentir compañía. De cualquier manera, poseo este límite entre mi persona y los demás que yo mismo he creado.

Los seres humanos tenemos la tendencia de crear límites para todo. Mi casa es un límite entre mi persona y el frío. Mi patio o jardín tiene un límite que ha sido legalmente creado cuando el terreno fue subdividido. Las naciones tienen límites. Las corporaciones tienen límites descritos en las patentes, los derechos de autor, etcétera. Estamos compuestos por límites, ¿o en realidad no lo estamos?

Robert Frost escribe en su poema "Mending Wall" ("La pared remendada"): "Existe un algo que no está de acuerdo con los límites". Más adelante, en el mismo poema, el autor sugiere: "Antes de construir una pared, preguntaré ¿qué es lo que pretendía dejar dentro de la pared o fuera de ella y a quién estaba a punto de ofender?". Frost inquiere asimismo: "¿Por qué necesito del límite de una pared entre mi vecino y yo?" Usted puede preguntarse lo mismo acerca de cualquier "pared" entre su persona y los demás o entre su experiencia consciente o inconsciente.

Una de las metas de la meditación es comprender los límites que nos hemos creado. Tal vez nuestro mayor límite, y ciertamente el más difícil, es el que hemos creado dentro de las partes consciente e inconsciente de nuestras mentes. No existe actividad alguna que requiera tanto de nosotros mismos como cruzar la barrera de lo consciente e inconsciente. Cada día que pasa recorremos nuestra vida consciente, y cada noche nuestro inconsciente nos habla en forma de sueños atrayéndonos a un profundo entendimiento de nosotros mismos. Sin embargo, cada día que transcurre volvemos a creamos un límite. Todos necesitamos encontrar el profundo entendimiento de lo que se forma dentro de nuestras mentes cuando estamos despiertos, dormidos o solamente distraídos, y la meditación es una forma de prestar la suficiente atención para darnos cuenta de lo que nos sucede.

Tratemos ahora de averiguar cómo funcionan los límites alrededor de nuestro sistema de vida. Los seres humanos nos inclinamos a pensar que nuestras vidas consisten de unidades separadas que se relacionan entre sí, pero que al mismo tiempo permanecen independientes. Un ejemplo es la familia. Mi núcleo familiar consistía de mis padres y mis hermanos. Eventualmente, mi abuela vino a vivir con nosotros. Antes de que habitara en mi casa, ella era como una unidad independiente. Una vez que se cambió y vivía con nosotros, pasó a integrar nuestro núcleo familiar. Tomó parte activa en el manejo de la casa, nos leía libros, hablaba con nosotros y nos regañaba como lo hacían mis padres. Acudía a conciertos con nosotros, resolvía los crucigramas del periódico con mi padre y se iba de vacaciones con mi madre. Cuando se cambió a su propia casa, dejó de formar parte de nuestro núcleo familiar y regresó a su clasificación anterior de "pariente cercano".

¿Parece ser esto una distinción artificial?, ¿cómo es posible que pudiéramos cambiar el estatus de la abuela de dentro del núcleo familiar, a fuera de éste? La puerta de nuestra vivienda era el límite definido. Todas las personas que vivieran al otro lado no formaban parte de nuestro núcleo familiar.

Ejercicio 1
Percatándose de los límites

Piense durante algunos minutos en cualquier área de su vida que resulte importante para usted.

1. Piense en los límites que encuentra en dicha área de su vida.

2. ¿Qué personas, animales u otras cosas se hallan dentro de esa zona?

3. Ahora piense: ¿qué pasa con estas personas cuando usted no hace cosas con ellas? ¿Traspasan algún límite para formar parte de otro sistema? ¿Usted mismo ha traspasado algún límite?

4. ¿Le resulta complicado el ejemplo? ¿Cómo sabe exactamente dónde se encuentran los límites? ¿Cambian estos límites dependiendo de las circunstancias?

La meditación puede ayudarle a entender los límites que ha creado alrededor de sí mismo. Usted comprenderá cómo algunos límites son útiles y como habrá otros que no tienen propósito alguno. Durante este proceso, podrá contar que su relación con otras personas cambiará. También podrá esperar que el entendimiento de su propio ser observará grandes cambios.

Una gran cantidad del estrés que experimenta en su vida tiene que ver con los límites. Cuando empiece a entender mejor cómo funcionan los sistemas —consciente, inconsciente, social y económico— dentro de su vida, su mente y su cuerpo finalmente encontrarán la relajación. La meditación proporciona un medio para explorar sus creencias de los límites dentro de los diferentes sistemas.

Su equipo mental de meditación

La meditación comienza con nuestras percepciones y nuestros juicios del mundo. Nos percatamos del mundo a través de nuestros cinco sentidos: la vista, el oído, el gusto, el olfato y el tacto. Las barreras de estos sentidos físicos limitan necesariamente nuestra habilidad de reunir información acerca del mundo. Utilizando nuestra mente, juzgamos al mundo basándonos en lo que percibimos, pensamos acerca de los hechos y tomamos decisiones.

La integración depende de las cosas que no podemos percibir con nuestros sentidos ordinarios. Vivimos dentro del sistema unificado al que llamamos *cuerpo*, y este sistema está conectado con otros sistemas. (Por ejemplo, usted es un miembro de su sistema familiar.) Nosotros dependemos, o estamos afectados por, y respondemos a muchos factores dentro de nuestro cuerpo que no podemos experimentar a través de nuestros sentidos ordinarios. (El pulso, por ejemplo, es algo que experimentamos todo el tiempo, pero generalmente la presión arterial no lo es.) ¿Cómo podemos relacionarnos con estos factores? Existen tres métodos para reunir información más allá de nuestros sentidos.

1. Utilizamos herramientas y maquinaria para tomar medidas. Para esto la meditación no es necesaria, aunque alguna forma de meditación probablemente se involucró en la manufactura de la herramienta o de la maquinaria.

2. Utilizamos nuestra mente para recabar información a través del pensamiento. Una vez que reunimos la información sensorial, nos involucramos en el difícil proceso de hallarle sentido a dicha información —poniéndola en orden para que pueda ser utilizada—. Una gran parte de la solución de los problemas a los que nos enfrentamos día con día tiene que ver con este proceso mental de investigación y clasificación. Entonces, una evaluación un tanto crítica pude ocurrir.

3. Asimismo, reunimos información a través de la contemplación, o de lo que llamamos *mente en descanso*. El proceso de meditación normalmente enfoca la mente en una cosa en particular —*el mantra* (las palabras) o *el yantra* (las imágenes) o en la respiración— para eliminar de nuestra mente los demás pensamientos. Una especie de ritual es utilizado para lograr que la mente siga una dirección específica. Algunas prácticas de meditación deliberadamente limpian por completo la mente de cualquier pensamiento.

Aunque estamos muy familiarizados con todos los métodos para permitir que las máquinas reúnan información y la registren de manera útil, a menudo nos olvidamos de que podemos simplemente relajarnos y permitir que nuestras mentes registren y organicen la información en nuestra memoria. Nos hemos acostumbrado a utilizar la mente para reunir información, a una menor capacidad de lo que un cerebro normal podría lograrlo.

Pensamos que los científicos utilizan el método número uno mencionado con anterioridad, y que los filósofos tienden a utilizar el método número dos. El tercer método, por lo general, es ignorado. Aun así, Ken Wilber, un famoso escritor en el campo de la psicología transpersonal, sostiene que los tres métodos son eficientes en sus diferentes formas.

Cada uno de los tres métodos del saber tiene acceso a información verdadera en sus respectivos terrenos —a información sensible, inteligible y trascendental—, y la información, en cada uno de los casos, es notada por su aprensión inmediata e intuitiva.[1]

Todos aprendemos los primeros pasos para relacionarnos con el mundo; utilizamos los sentidos o reunimos la información sensorial que nos proporcionan las máquinas. Muchos también aprendemos la teoría y filosofía de temas que nos interesan, por lo tanto también estamos familiarizados con el segundo método. Sin embargo, un número relativamente menor de personas aprenden cómo reunir y evaluar información trascendental. Las religiones occidentales tienden a "enlatar" dicha información y nos la proporcionan "a cucharadas" como si fuera un factor científicamente comprobado, cuando, por el contrario, no es el caso. En *Misión del universo*, el autor y filósofo español José Ortega y Gasset dice: "No existe una razón coherente por la cual el hombre ordinario necesita o debe ser científico".[2] Ortega y Gasset sugiere que debemos aprender del esquema físico de nuestro trabajo, temas de la vida orgánica, procesos de la especie humana y, finalmente, el plan del universo. Tenga en cuenta que él asume que tal plan existe. Muchas religiones nos enseñan que dicho plan puede ser entendido a través de la práctica de contemplación, pero usted no necesita involucrarse en la religión organizada para reunir información acerca del mundo que lo rodea.

Ken Wilber trata el tema del propósito de nuestras vidas de la siguiente manera:

> La Naturaleza fundamental de los seres humanos… es máxima Totalidad. Esto es eterno, así pues, significa verdadero desde el principio, verdadero hasta el final y, más importante aún, es verdadero ahora, de momento a momento a momento. Esta máxima y siempre presente Totalidad, como se muestra en hombres y mujeres, es llamada Atman (por los hindúes), o Naturaleza Buddha (por los budistas), o Tao, o Espíritu, o Consciencia (súper conciencia), o… Dios.[3]

¿Es la manera en que usted percibe su meta de la meditación su meta de integridad? Tal vez no. Aún así, la experiencia trascendental posiblemente ocurrirá mientras medita y el concepto de sus límites será desafiado. Ayuda el entender desde el principio que usted no perderá la capacidad de funcionar dentro de sus límites. Muchos límites resultan cómodos y sirven propósitos definidos en nuestras vidas. Estaríamos perdidos si no tuviéramos límites. Lo que la meditación logrará es revelar experiencias mayores de consciencia. Usted desarrollará una enorme flexibilidad al decidir cómo dejar de reaccionar y, por lo tanto, empezar a responder a las presiones en su vida.

Otro beneficio de la meditación es el cambio de nuestra imagen. Definir nuestro lugar en el mundo dentro de los límites de nosotros mismos y de los demás. El paradigma es que, mientras usted se siente diferente y se aparta de otros, ésta es una falsa distinción. No estamos separados el uno del otro, aunque usted lea esta página y yo esté (físicamente) lejos. Somos realmente "partes" significantes o miembros del mismo, unificado, completo y perfecto todo. De hecho, se nos determina junto al universo. No somos partes separadas del universo como somos distintas facetas de un sistema grandioso.

Ejercicio 2
Percatándose de los sistemas

1. ¿Recuerda los bloques con los que juegan los niños? Son de múltiples colores y otras veces tienen diferentes formas o tamaños, pero son parte del mismo juego.
2. Piense en las partes de un tablero de ajedrez. Cada porción tiene diversas funciones, sin embargo, todas son piezas de ajedrez.
3. Piense en personas individuales dentro de la grandeza de la humanidad, la que se encuentra dentro del mundo de los seres vertebrados que a su vez se halla dentro de todas las cosas vivientes.

Aunque reconocemos esta visión del mundo como una "rueda de la fortuna", necesitamos un concepto individual con el fin de sobrevivir en el mundo físico. Necesito distinguir entre lo que está principalmente dentro de mi mente y lo que permanece fuera de ella, lo mismo que usted. El paradigma de lo que al final resulta un todo y de la individualidad es que ambos son primordialmente verdaderos, reales y atractivos. Tal vez debamos concentrarnos en el método científico del entendimiento, pero continuamente nos vemos sorprendidos por el mundo y su funcionamiento. Examinamos los árboles y nos asombramos al encontrarnos internados en la maleza.

Resumen

La meditación es un método seguro para que usted explore los rincones de su mente y las manifestaciones de la realidad trascendental. Recorriendo este camino, encontrará su propia personalidad e iniciará una amistad con todas sus facetas —buenas o malas—. Entrará en contacto con la gran naturaleza del universo en formas que le resultarán profundamente confortables y saludables. Desarrollará paciencia consigo mismo y con los demás. Finalmente, obtendrá comprensión de sus experiencias contemplativas que no podrá lograr de ninguna otra manera.

Regresando a la imagen de la pared, espero que a través de la meditación obtenga el poder para sortear los muros que ha construido dentro de su mente y dentro de sí mismo y el resto del mundo. También, a través de la meditación, espero que empiece a descubrir las puertas que le ayudarán a superar dichos obstáculos.

¿POR QUÉ
MEDITAR?

Nadie ha explorado las profundidades de
la vida consciente o subjetiva
En ambas direcciones, alcanzamos el infinito.

ERNEST HOLMES, *La ciencia de la mente*

Si está usted leyendo el primer capítulo de este libro, probablemente se ha preguntado: "¿Por qué meditar?" Tal vez tiene
ideas de por qué quiere saber más acerca de la meditación. Quizá
sus amigos han practicado la meditación y usted ha observado
cambios que los han beneficiado. Puede ser que su doctor le haya
sugerido que busque maneras para aliviar su estrés. Si ha escuchado sobre la meditación en alguna clase, tal vez ha decidido
buscar más información. Este capítulo ofrece diferentes razones
por las cuales la gente empieza a practicar la meditación, así como
los resultados a corto y largo plazos que usted puede experimentar al practicarla.

El resultado básico de la meditación es la alteración del estado consciente. En realidad éste no es un resultado difícil de
obtener, debido a que nuestro estado mental cambia momento a
momento. Al practicar la meditación, existen ciertos cambios que
la mente seguirá, como por ejemplo el relajamiento de los músculos, el hecho de que nuestro estado emocional se tornará en un
estado de calma, la mente descansa, el pulso y la presión arterial

disminuyen, la visión se enfoca de una manera distinta, la respiración disminuye y la noción de sonidos en nuestro ambiente inmediato puede aumentar.

Si usted practica la meditación durante un extenso periodo, se podrá dar cuenta del ángulo del rayo solar que entra por la ventana. Percibirá la presencia de otras personas en la habitación, o de sonidos fuera del edificio. Algunas personas han dicho que pueden sentir los movimientos del planeta si se acuestan en el suelo sin moverse y miran hacia el cielo nocturno.

Si su único propósito al meditar es la relajación, se encontrará con un reto. Claro, sus músculos se relajarán, sus emociones se calmarán y su presión arterial disminuirá. Podrá experimentar gran relajación de esta manera. Por otro lado, mientras más relajado se encuentre, las conversaciones dentro de su mente le resultarán más aparentes. Después de permanecer sentado en estado meditativo por un periodo prolongado, sus músculos comenzarán a rebelarse. Le darán calambres y experimentará tics nerviosos, sobre todo si la postura en la que se encuentra no es normal. Lo que se pretende relajante, se convierte en incómodo (a veces demasiado incómodo).

Le resultará de mucha ayuda variar su técnica de postura, en especial durante un largo periodo de meditación. Se puede sentar un rato y después levantarse a caminar por un tiempo para que sus músculos se relajen. Tal vez le parezca que diez minutos es mucho tiempo para estar sentado, y que un minuto caminando es suficiente para relajarse y estirar sus músculos. Con frecuencia, las personas se sientan por 45 a 50 minutos y caminan 10 minutos.

Meditación no significa cuánto tiempo dedica a meditar. A menos que viva en un monasterio o una casa de retiro, posiblemente no tiene muchas horas al día que pueda dedicar a la meditación. En definitiva, contará con poco tiempo para practicarla. He aquí algunos ejemplos:

- Cuando regrese del trabajo o de la escuela y haya preparado la merienda, utilice los 15 o 20 minutos mientras está lista la comida.
- Cuando viaje por tren, avión o autobús.
- Mientras le cortan el pelo.
- Durante el tiempo que espera para alguna cita.
- Cuando espera en la silla del dentista mientras le hace efecto la anestesia. (¡Ya sé que esto es difícil para cualquiera!)
- Mientras camina, corre o hace ejercicio.
- Mientras pinta, trabaja en el jardín o hace cualquier otra labor repetitiva.

De la misma manera, en otras ocasiones, las actividades que usted realiza necesitan toda su atención, y su seguridad es importante; por ejemplo:

- Mientras maneja su automóvil.
- Cuando levanta pesas.
- Al hervir o freír comida.
- Cuando utilice instrumentos filosos.
- Si está cuidando niños.
- Al cruzar la calle o alguna carretera.
- Mientras use objetos que puedan romperse.
- Cuando asista a algún espectáculo o conferencia.
- Al subir o bajar las escaleras.
- Cuando mueva muebles.

La lista no termina, pero se podrá dar cuenta de que es posible encontrar tiempo para meditar durante sus actividades diarias. No es necesario que aparte horas enteras, unos momentos al día serán suficientes. La meditación le ayudará a darse cuenta y a enfocarse en las actividades que demandan su atención.

Metas para meditar

Si su intención al meditar es algo más que relajación, entonces deberá encontrar el método que le ayude a alcanzar sus metas. Por supuesto que no tengo nada en contra del uso de la meditación para relajarse, ya que ésta es una herramienta extraordinaria en nuestra diaria y estresante vida. De hecho, es esencial para conservar nuestra salud física y emocional. Tal vez usted tiene otras metas en mente al practicar la meditación.

Intuición

La intuición ha sido una meta de meditación a través del tiempo. Personas expertas del Este, monjes y religiosas en el Oriente, han pasado años en retiro practicando la meditación para descubrir sus conexiones con el plan universal. Las metas personales que usted tenga al meditar, son tan importantes como las metas de las personas del clero.

Enseguida, relataré una historia que me contó un anciano padre episcopal, quien practicó la meditación la mayor parte de su vida. Durante la Cuaresma, este religioso había permanecido en retiro por un periodo de 40 días, algo que muchos de nosotros nunca llevaríamos a cabo. Él dedicó su vida a entender la naturaleza de Dios y a servir al prójimo. En la conversación, al discutir cómo podemos demostrar nuestro amor hacia Dios y qué es lo que debemos al Señor, el padre dijo: "Sabes, Stephanie, yo he sido cura por más de 75 años, y es ahora durante mi retiro que realmente he aprendido algo acerca de Él. Dios no nos ha traído a esta tierra para que lo amemos. Nos ha puesto aquí para que seamos amados por Él". Estas palabras simplemente cambiaron mi vida. Desde esa charla con el padre nunca he olvidado sus palabras y las he compartido con otras personas que he sentido que necesitan la seguridad de que todos pertenecemos a un gran plan espiritual.

No somos curas o monjes, y ciertamente no podemos pasar el tiempo en retiros de meditación. Lo que sí podemos hacer es encontrar un momento para calmar nuestras mentes. Es entonces cuando percibimos con mayor claridad cuál es nuestro lugar en el plan universal. Usted podrá conectarse mentalmente a través de la diosa, por medio de diferentes deidades, o métodos de vibra emocional, a través de investigaciones científicas o de cualquier manera que le plazca. Puede dedicar tanto tiempo como desee a sus metas para meditar. En lo personal me he dado cuenta de que más, no es necesariamente mejor, pero algo es mejor que nada. Por ejemplo, de la manera en que vivo mi vida, podría prevenir que me dedicara a escribir. Siempre hay otras cosas que hacer. Unos cuantos momentos de quietud y soledad me ayudan a formular y reorganizar mis pensamientos. Entonces, me puedo sentar a darle forma a mis palabras por medio de la escritura.

Cuando se enfrente con un problema en el trabajo es necesario que se aparte de él con el fin de encontrar una perspectiva diferente y mirar los detalles para dejar que las cosas caigan en su lugar por sí solas, y de esta manera hallar una solución. La meditación nos ofrece las herramientas adecuadas para este propósito. Algunas veces, el solo hecho de caminar alrededor de la cuadra es suficiente para lograrlo.

Respecto a la práctica de la meditación, Khenpo Karthar Rinpoche escribió: "Muchas personas esperan que los resultados de la meditación lleguen en un lapso de tiempo corto, de la noche a la mañana, por así decirlo, lo que es imposible. Éste es un proceso de desarrollo a través del cual la consistencia es la clave. Si practicamos todos los días, con regularidad, aunque sea por un periodo corto, esto ayudará a nuestro desarrollo".[1]

Cualquiera que sean sus metas de meditación, puede empezar con el simple hecho de sentarse y tratar. No necesita equipo extraordinario o ropa cara, ni tampoco revolucionar su rutina diaria.

Ejercicio 3
Comenzando a meditar

Lea el siguiente ejercicio y cierre el libro.

1. Sentando cómodamente con las manos sobre su regazo, o parado en un lugar silencioso, mire la portada de este libro.
2. Relaje sus ojos y simplemente observe.
3. Preste atención a los detalles de la portada.
4. Continúe haciéndolo hasta que observe algo que atraiga su atención.
5. ¿Qué atrajo su atención?, ¿el color, la forma o la textura de la portada?
6. Vuelva a fijarse en la portada y continúe por algunos momentos.
7. ¿Algo más atrae su atención?
8. Fije su atención en cualquier conexión que usted haga entre la portada y sus experiencias personales, mientras practica este ejercicio.

Cualquiera que haya sido el resultado al practicar este ejercicio, tiene que ver con intuición. Tal vez no sea la más profunda intuición que usted habrá de experimentar, pero finalmente es intuición. Durante los momentos en los cuales nuestra atención no está enfocada por completo en el ambiente de nuestro derredor, o cuando experimentamos una laguna mental, éste es el momento en que nuestra intuición comienza a trabajar.

Resumen

El simple hecho de alterar su enfoque lo coloca en un estado mental alterado. En efecto, nuestro estado mental se altera mientras caminamos o dormimos. Procesamos información constante que se relaciona con lo que ya sabemos y la almacenamos para usarla en el futuro. Normalmente no estamos conscientes de este proceso, pero entramos en un estado alterado de momento a momento.

Algunas posturas para meditar y otras sugerencias serán introducidas en el siguiente capítulo.

PREPARÁNDOSE
PARA MEDITAR

Shakyamuni Buddha dijo en los sutras: "La esencia
del Dharma es el amansar la mente. En un lugar callado
y solitario, en un cómodo tapete para meditar, con
un cojín a la mano, deberá sentarse en la postura
propia para meditar. Su espalda recta, manteniendo
la posición correcta de su cuerpo y entréguese a
la práctica samadhi".

KHENPO KARTHAR RINPOCHE, *Los caminos del Dharma*

Aunque algunas personas meditan mientras practican alguna
otra actividad como caminar, la mayor parte de la meditación se lleva a cabo sentado y quieto. Al permanecer quietos y
enfocando la mente podremos aquietar las complejas actividades
físicas y de pensamiento que nos mantienen ocupados todo el
tiempo. Las meditaciones hindúes y budistas tradicionales incluyen posturas que se cree ayudan a calmar la mente. Las pinturas
budistas e hindúes muestran figuras de personas sentadas en una
variedad de posturas, el lotus y la posición burmesa son algunas
posiciones utilizadas con más frecuencia. Algunas estatuas y pinturas muestran también figuras sentadas sobre una plataforma con
una pierna extendida hacia abajo, mientras la otra está flexionada
junto al cuerpo, con la planta del pie hacia el muslo de la otra
pierna. Es evidente por medio del arte que cada buda o maestro
optaba por un estilo en particular. Tal vez encontraron sus prefe-

rencias al ensayar diferentes estilos, tal como usted lo habrá de hacer. Existe un sinnúmero de posiciones para los brazos, las piernas y los pies. De esta manera, trate de encontrar las posturas que le resulten más cómodas. Primeramente, consideremos el ambiente para la meditación.

El ambiente para meditar

Existen diversas maneras de crear un buen ambiente de meditación, sin necesidad de gastar mucho dinero o cambiar su estilo de vida.

- Elija un lugar idóneo para aquietar su mente. Siempre existirá ruido ambiental, pero puede apagar el televisor, el radio o el estéreo. Su vista siempre hallará elementos de distracción, pero recurrir a decoraciones y muebles sencillos le permitirá concentrarse.
- Coloque una mesa con flores, fotografías u otros objetos especiales. Esto ayuda al estado meditativo, y a crear un espacio que se reflejará dentro de su ser.
- Si cuenta con algunos minutos en su atareado día, lleve consigo algo que pueda asociar con su estado meditativo. Puede ser un elemento que le permita relajarse más fácil y rápidamente.
- Identifique un lugar en su cuerpo en el que se sienta seguro y relajado durante la meditación. Enfoque su mente en esa área por varios minutos.

En el capítulo 21 encontrará más sugerencias para crear su espacio de meditación.

La ropa

Su ropa debe ser cómoda, no use nada ajustado. Muchas personas se quitan los zapatos, aunque puede usarlos si medita sentado en una silla. Tome en cuenta la temperatura del lugar de meditación. Durante un día caluroso la temperatura de su cuerpo puede bajar de manera considerable, después de permanecer sentado y quieto por algún tiempo. Si utiliza diferentes prendas, como por ejemplo un chal, le será más fácil mantener su cuerpo a una temperatura confortable.

A través de la experiencia usted se dará cuenta de la clase de ropa que le resultará más cómoda. Comprar vestimenta especial para meditar es también una buena opción. Evite la ropa que roce su cuerpo, que haga ruido cuando usted se mueve o que esté hecha de telas que no "respiran". La ropa que use no debe ser apretada o con elásticos que interrumpan la circulación, mientras permanezca sentado durante cierto tiempo.

Escoja su postura para meditar

En el capítulo anterior mencioné que una de las cosas positivas de la meditación es el relajamiento de los músculos. Para que esto ocurra necesitamos encontrar una postura que podamos mantener durante el periodo de meditación. Algunas posiciones le resultarán más relajantes que otras. Muchas personas encuentran difícil mantener posturas como el *lotus* o el medio *lotus*. Existen otras posibilidades. Si usted se encuentra incómodo en cierta posición, pruebe con otra que mejor se ajuste a las necesidades de su cuerpo. Con el tiempo se dará cuenta de que, con un poco de práctica, podrá utilizar las posturas que le resultaban difíciles al principio. Recuerde que esta práctica no es para mostrar una buena posición, sino para encontrar la mejor forma de relajamiento.

Tenga cuidado al permanecer parado, sus piernas pueden "dormirse" y será necesario un esfuerzo consciente para evitarlo.

La postura de lotus

En el suelo, siéntese sobre un tapete delgado. Ponga su pie izquierdo sobre su muslo derecho, con la planta del pie volteada total o levemente hacia arriba. Ahora coloque el pie derecho en una posición similar sobre el muslo izquierdo. Sus muslos y rodillas deberán permanecer en el piso. Enderece la espalda y pose sus manos sobre sus muslos o en sus rodillas. Algunas personas estiran los brazos; descanse la parte posterior de sus muñecas o manos sobre sus rodillas y forme un círculo con sus pulgares e índices mientras los otros dedos permanecen extendidos. También puede dejar sus manos descansando cerca de su cuerpo, con la parte superior de los dedos de cada mano tocando la otra, o con los dedos de una mano sobre la otra y las punta de los pulgares juntas.

Figura 1. Lotus

Medio lotus

Esta postura es como el *lotus*, excepto que solamente un pie descansa sobre el músculo contrario, y el otro pie descansa en el suelo.

Figura 2. Medio lotus

Seiza

Ésta es una postura hincada en la que la persona se sienta sobre sus tobillos. También puede utilizar un cojín grueso redondo que se llama *zafu* o un banquillo como soporte. Coloque sus pies debajo de éste, y sus rodillas en el suelo en un *zabuton* (cojín grande). Pose sus manos sobre sus muslos. Las manos se colocan con los dedos entrelazados dentro de sus palmas; extienda sus índices para que hagan contacto y junte sus pulgares. Las manos permanecen sobre sus muslos. También puede arrodillarse en el suelo. Esta postura podría parecerle incómoda, pero con el tiempo sus tobillos se relajarán y no le será difícil adoptarla.

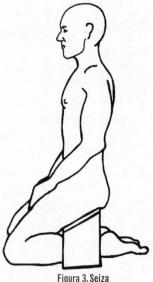

Figura 3. Seiza

Sentado con las piernas cruzadas

Algunas personas pueden sentarse con las piernas cruzadas en un tapetillo o directamente en el suelo. Para quienes les resulta incómoda esta postura existe un cojín que se llama *gomden*. Es un almohadón firme de seis pulgadas. También puede utilizar un *zafu* o un cojín en forma de cuarto creciente. Siéntese en el cojín con la espalda vertical completamente recta, y cruce sus piernas frente a usted, sobre el suelo. A mí me gusta poner algo blando bajo mis tobillos. Entonces debe mecer su cuerpo de lado a lado, para acomodarse sobre el cojín. Ponga sus manos con las palmas sobre sus muslos. La parte superior de sus brazos debe colgar verticalmente. Separe los dedos, o utilice otra posición cómoda para sus manos, que deben permanecer en un lugar sin moverse.

Figura 4. Piernas cruzadas

Posición *burmesa*

Esta postura y sus variaciones resultan más cómodas que la posición con las piernas cruzadas. Siéntese en el *zafu* o en otro cojín con la espalda recta y vertical. Esta vez, en lugar de cruzar las piernas, ponga un pie enfrente o atrás del otro. De esta manera no habrá presión de la pierna que se encuentra en la parte superior, meciéndose de un lado a otro para acomodarse. Escoja una posición cómoda para su manos.

Figura 5. *Burmesa*

Posición de cadáver

No es broma. Esta postura existe. Al optar por dicha posición será más fácil practicarla si utiliza una cobija para recostarse sobre ella. La cama es demasiado suave y le causará sueño. Descanse sobre su espalda con sus piernas cómodamente juntas. Ponga una almohadilla o una toalla bajo su cintura. Ponga brazos y manos a los lados de su cuerpo. Descanse la cabeza cómodamente en la cobija. Cierre los ojos, pero permanezca despierto.

¿Ojos abiertos o cerrados?

Conocer distintas técnicas de meditación le permitirá practicar de diferentes maneras. Si cierra los ojos su visión podrá bloquear las imágenes dentro del ambiente en el que se encuentra, pero puede resultarle incómodo. Otra desventaja al cerrar los ojos es que puede llegar a dormirse. Es más fácil permanecer con los ojos abiertos fijando su vista en un punto próximo a dos metros de distancia, en el suelo, frente a usted. Al descansar sus ojos en esta posición no tendrá que luchar tratando de mantenerlos cerrados o completamente abiertos.

Sugerencias para realizar su meditación más cómodamente

- Cuando se siente, meza su cuerpo de lado a lado en la silla o el cojín. Esto afirma sus glúteos y crea una base sólida. También ayuda a colocar los intestinos. Al hacer esto, sentirá la comodidad en su abdomen.

- Después empuje su estómago hacia afuera, relájese y descanse un poco la espalda. Esto le ayudará a mantener una postura erecta y evitará inclinarse hacia el frente.

- En vez de enfocar la vista, relaje sus ojos. Cuando haga esto, tendrá doble visión. Si enfoca la mirada a dos metros

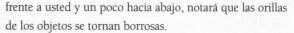

frente a usted y un poco hacia abajo, notará que las orillas de los objetos se tornan borrosas.

• Toque su paladar con la punta de su lengua. Esto estimula la salivación y previene que la lengua se mueva de un lado a otro.

• Permita que su barba se incline un poco hacia su garganta. Esto ayuda a relajar la mandíbula y los músculos de la cara.

Ejercicio 4
Sentándose a meditar

Si ha meditado con anterioridad, este ejercicio puede resultar innecesario. Si nunca ha meditado, tenga cuidado con su cuerpo cuando utilice estas diferentes posturas.

1. Lea nuevamente las instrucciones de las posturas.
2. Trate de practicar cada posición.
3. Elija una o dos que le resulten cómodas.
4. Utilice estas posturas en los otros ejercicios del libro.

Pero duele sentarse quieto

A menos que usted sea muy flexible, se dará cuenta de que sentarse en la postura de meditación produce estrés en los músculos y las articulaciones, lo que le causará un cierto grado de dolor. Notará que su pierna o pie se duerme y que se acalambra cuando lo mueve. Su espalda se cansa y sus rodillas le duelen, cuando se sienta con las piernas cruzadas. Así como con otras actividades, su cuerpo tiene que entrenarse para meditar. No es solamente una actividad mental. Cada día que usted medite sentirá que su espalda se vuelve más fuerte, sus rodillas más flexibles y sus pies no se duermen tan a menudo.

Si medita por unos cuantos minutos no experimentará incomodidad física. Cuando medite por periodos más extensos trate de levantarse y caminar un poco durante el tiempo de la meditación. Cuando vaya a algún retiro de meditación, por cada hora que pase sentado practicará algunos minutos de meditación caminando.

Podemos soportar el dolor cuando jugamos o aprendemos algo. Muchas personas van al gimnasio y ejercitan hasta que sienten dolor, con el fin de conseguir un cuerpo sano. Lo mismo sucede con la meditación. Un poco de dolor al principio le causará distracción, pero al final obtendrá los beneficios para el cuerpo y la mente.

Cada vez que trabaje con su mente obtendrá una respuesta emocional. ¿Cuántas veces ha dejado de realizar una actividad porque tiene que esforzarse física y emocionalmente? ¿Le gusta participar en actividades en las que sobresale y evita participar en las que esto no sucede? En la meditación, los resultados son los resultados —nada más ni nada menos—. No hay metas, y no existe un camino directo. Puede pensar que quiere relajarse. Se dará cuenta de que tal vez consiga relajar su cuerpo, pero no su mente, o viceversa. Un día logra reducir su pulso y su presión arterial, y otro día no. Lo que la meditación le ofrece es un mundo de oportunidades:

- Poner atención a su mente.
- Desarrollar una relación amistosa consigo mismo.
- Involucrarse con su nivel intuitivo.
- Permitir que su intuición aparezca.

Resumen

El espacio que utilice para meditar no requiere estar elegante-
mente amueblado. Ayuda el tener un lugar ordenado, callado, y
el usar ropa cómoda. Encuentre una postura confortable, sentado
o acostado.

Después de haber considerado diferentes posiciones, el siguiente capítulo le mostrará dos elementos para la meditación:
concentración y consciencia.

CONCENTRACIÓN
Y CONSCIENCIA

Conozca su mente. Entrene a su persona para pensar
lo que usted quiera pensar; y ser lo que desee ser.

ERNEST HOLMES, *La ciencia de la mente*

En la meditación existen dos factores: concentración (enfoque) y consciencia (permanecer enfocado y alerta dentro de su ambiente inmediato). Encontramos estos mismos factores en todas las actividades exitosas. Si usted puede concentrarse en sus ocupaciones y brindarles toda su atención, se convertirá en un individuo con éxito. Puede observar ejemplos de concentración y consciencia desarrollándose a su alrededor todo el tiempo.

Ejercicio 5
Notando la atención de otros

¿Recuerda alguna ocasión en la que usted observaba a un niño jugando? Si no es así, vaya a un parque y mire a algún pequeño por un tiempo. Pida permiso a los padres.

1. Mire lo que hace el niño. Fíjese en sus expresiones faciales, sus movimientos y los sonidos que produzca.
2. Note que cuando un niño está atento en la actividad que desarrolla, nada más importa. Su atención está completamente enfocada en lo que hace. Expertos en desarrollo

infantil han descubierto que aun niños que sufren déficit de atención pueden pasar horas en un proyecto que capture su interés.

3. Ahora observe lo que sucede cuando el niño permanece distraído. ¿Se dispone a hacer algo diferente?, ¿vuelve su atención a lo que antes capturaba su interés? ¿Qué es lo que esto le sugiere acerca del comportamiento del niño?

Los niños son grandes maestros porque son capaces de poner su atención en una sola cosa cada vez. También se olvidan de lo anterior para continuar con lo siguiente. Podemos aprender mucho de este simple ejercicio.

¿Qué es lo que puede esperar una vez que se dedique a meditar diariamente? Ya sea que usted tenga una o más razones para meditar, se dará cuenta de que podrá obtener un sinnúmero de resultados. He aquí algunos:

- *La habilidad de enfocar su atención en una cosa a la vez*. Esto es invaluable en cada actividad que realice. Desde atar los zapatos con rapidez hasta preparar un banquete. Todos los detalles son importantes. Los niños dedican todo su ser a observar a una hormiga cruzando el patio, metiéndose entre las piedras para salir de nuevo. El sexo resulta una experiencia increíble cuando su mente está libre de distracciones. La meditación lo ayudará a desarrollar y mantener el enfoque.

- *Consciencia*. Entender lo que se percibe es también esencial en la vida diaria. Si escucha un ruido repentino, es importante detectar la diferencia entre el que pudiera producir un ladrón que se introduce en la casa y el de una rama se rompe. Conocer su posición en un cuarto oscuro le ayudará a encontrar el apagador. Si sabe que acaba de tener un sueño, podrá poner la experiencia en contexto cuando esté despierto. La meditación contribuye al desarrollo de la simple consciencia.

- *Observando las distracciones.* Muchas veces no sabemos cuándo realmente prestamos atención a las cosas. ¿Alguna vez ha manejado su automóvil y de repente ha llegado a su destino sin saber en realidad cómo arribó allí? Estaba pensando en algo diferente y no se fijó durante el viaje. En alguna ocasión usted tenía tanta hambre, que no disfrutó el sabor de la comida. ¿En dónde estaba su mente?

- *Estando presente.* Muchos sufrimientos que experimentamos tienen que ver con la falta de habilidad para estar presente. Intentamos con desesperación transportarnos a otro lugar para evitar el dolor. Esta estrategia causa aún mayor dolor. Por lo general habremos de volver al lugar original para enfrentar el dolor y eliminarlo. Cuando jugamos, continuamos jugando hasta que experimentamos dolor. Nos duele, pero el juego nos gusta tanto, que seguimos jugando. Khenpo Karthar Rinpoche escribió: "¿Por qué no podemos soportar otros dolores? En definitiva contamos con esta habilidad".[1] Deberíamos aplicar esta táctica a cualquier experiencia dolorosa. Al desarrollar enfoque y estado de consciencia encontramos dolor y lo enfrentamos al momento, en vez de ignorarlo y retrasar la solución. Es cierto que no todo dolor disminuye simplemente al poner atención. Sin embargo, el sufrimiento cesa al entender la naturaleza del dolor físico, mental, emocional y hasta espiritual.

Desarrollo de consciencia

Al aprender a realizar una nueva actividad tomamos consciencia de las metas y de lo que necesitamos para alcanzarlas. La meditación es igual. Hemos aprendido que estar conscientes es crucial en los logros de la meditación; la concentración es también parte de este proceso. ¿Qué podemos hacer para incrementar nuestro nivel de consciencia? Simplemente pongamos atención a lo que sucede durante la meditación.

Supongamos que su método para meditar es fijar su atención en la flama de una vela. Notará que es fácil concentrarse en la flama. Rápidamente su atención se enfoca en alguna comezón que siente en su rodilla. Regresa a mirar la flama, después de rascar su rodilla. Enseguida se da cuenta de que el color y la intensidad de lo que ve alrededor de la flama, cambia. Cuando usted parpadea, la flama cambia de nuevo. Observa cómo se derrite la cera. Comienza a percibir el calor de la vela, aunque ésta se halla a unos metros de usted. Su atención regresa a la flama. Entonces se rinde, frustrado con esta simple actividad.

No ha podido mantener fija su atención en la flama, aun cuando ésa era su meta. Aunque tal vez pudo lograrlo por algunos momentos. ¿Por qué mantener la atención fija en algo tan sencillo resulta tan complicado? Cuando consideramos todos los detalles involucrados en una actividad simple, la respuesta cobra sentido. Somos seres complicados, diseñados para funcionar en un ambiente hostil. Los sentidos que utilizamos para darnos cuenta de lo que sucede a nuestro alrededor no se pueden prender y apagar cuando decidimos concentrarnos. Siguen trabajando. Lo mismo sucede con la mente. Los pensamientos se presentan todo el tiempo, estando dormidos o despiertos. No podemos evitarlos.

Sabemos que meditar a diario nos ayudará a calmar los nervios y a disminuir la presión arterial, entre otras cosas. Un cambio ocurrirá tan pronto como comencemos. El siguiente ejercicio ha sido tomado de la tesis de un estudiante de la maestría en terapia de la danza. Éste ilustra una forma de distracción, para entender la riqueza del entrenamiento de la atención.

Ejercicio 6
Poniendo atención

Mientras lee este papel, ponga atención en sus manos, sosteniendo o tocando dicho papel, y haga lo siguiente:

1. Concéntrese en la información que recibe: la textura del papel, el peso, etcétera.
2. Ponga atención en sus manos y en las yemas de sus dedos.
3. Abra su mente al ambiente que lo rodea: la silla en la que está sentado, el cuarto en donde se ubica, la temperatura, los ruidos, los olores, etcétera.
4. Tome su tiempo al ejecutar este ejercicio.[2]

A través de este ejercicio usted abre su mente de manera intencional a todo lo que es capaz de experimentar. En el transcurso de esta experiencia puede identificar los distintos sentidos y el papel que éstos juegan cuando piensa en el ejercicio, las palabras, el papel, el ambiente. Descubrirá que, en efecto, usted tiene sentimientos relacionados con dicho ejercicio. Durante este proceso cultiva una actitud amigable o curiosa acerca del mismo.

Los tres resultados al desarrollar consciencia son: apreciación positiva incondicional, perspicacia e intuición. Estos temas serán discutidos con detalle en los siguientes capítulos, sin embargo, he incluido aquí la siguiente información, ya que las referidas tres formas de conocimiento y apreciación constituyen una parte importante de muchas prácticas de la meditación.

Apreciación positiva incondicional

El término *apreciación positiva incondicional*, tomado de la psicología humanista y transpersonal, significa simplemente permanecer atento acerca de uno mismo (u otra persona), sin formar juicio alguno. Esto es, en efecto, una práctica difícil de lograr. A menudo encontramos fallas o pequeños defectos dentro de nosotros mismos, en otras personas o en el proceso de la vida. Cuando juzgamos de esta manera, en efecto no prestamos la atención necesaria a los sucesos durante ese preciso momento, y tal vez creamos potencial para el sufrimiento. Después de todo, si juzgamos algo tan negativamente, evitamos involucrarnos. La apreciación positiva incondicional nos permite percibir algo sin tener la oportunidad de evaluarlo.

Perspicacia e intuición

Al adquirir destreza para enfocar su atención, usted empezará a experimentar periodos extensos en los que diferentes pensamientos no habrán de distraer su atención. En esos momentos experimentará el hecho de ser usted mismo. Entonces su intuición hablará. Tiene que haber instantes de quietud, o simplemente no podremos escuchar la voz de la intuición.

La perspicacia resuelve una pregunta o revela la solución a los problemas. Puede ser cualquier cosa en la que esté trabajando en ese momento. Hay un "¡ajá!" dentro de nosotros, en cuanto las piezas de un rompecabezas se resuelven en nuestros adentros. El ejemplo del cura episcopal respecto de la intuición en el capítulo 1 ilustra la manera en que ésta aparece durante o después de meditar.

Usted reconocerá su intuición porque es brillante, fuerte y clara. Puede resultar ordinaria o muy extraña. Es posible que no se dé cuenta del contenido de su intuición con algo o alguien en particular.

Si se encuentra meditando y lo asalta algún pensamiento, tome un papel y escríbalo. Al principio, todos los pensamientos pueden parecer importantes y su libreta de notas se llenará. Al paso del tiempo, escribirá menos notas cada vez.

Resumen

Si le resulta imposible lograr estos resultados, recuerde el primer ejercicio en el capítulo 1, en el que miraba la portada de este libro. En uno o dos minutos, experimentó la capacidad de ver algo de una manera diferente. Con sólo unos minutos de práctica de meditación diariamente, puede cultivar concentración y atención.

Durante el siguiente capítulo consideraremos diferentes maneras de desarrollar una actitud positiva respecto de la meditación.

SEA BENIGNO
CONSIGO MISMO

> Lo que hemos de experimentar, y lo que podemos
> experimentar, es un sano y apacible estado de nuestra
> mente. Esta experiencia no se encuentra fuera de nosotros…
> Debemos trabajar con nuestras mentes, con nuestras
> habilidades, para poder tener mentes pacíficas y sanas.
>
> KHENPO KARTHAR RINPOCHE, *Transformando*
> *las aflicciones de la mente y otras selectas enseñanzas*

Ha estado meditando durante algunos días o semanas. Piensa que sabe de lo que se trata (se relaja, respira y enfoca su atención). De repente se da cuenta de que sus pensamientos divagan. Enfoca su mente durante una o dos respiraciones, después se encuentra mentalmente en la cocina, en el coche, siguiendo a sus hijos por todos lados (todo menos enfocando su mente). Se pregunta por qué no puede hacer esta simple cosa que es meditar.

¡Ahora es un buen momento para felicitarse a sí mismo por meditar de la manera que es debida! Parte de la práctica de la meditación es permitir que las necesidades se nos presenten. Cuando se ocupa con otras labores, no hay tiempo para que esto suceda. Los pensamientos llegan a cada momento, pero no vienen desde sus adentros. Simplemente ocurren uno tras otro, durante el curso de la resolución de los problemas.

Desarrolle una apreciación positiva incondicional hacia esos pensamientos que aparecen dentro de nuestra meditación. Éstos son sus pensamientos privados. Nadie los ha puesto dentro de su mente, y revelan la manera como ésta trabaja. Lo anterior es una herramienta invaluable para lograr plena relajación, haciéndose cargo de los asuntos pasados y permitiendo que algo nuevo se desarrolle. Estos pensamientos le muestran la naturaleza de sus costumbres mentales. No es posible cambiar sus costumbres hasta que entienda el propósito de las mismas, y la meditación le ofrece muchas oportunidades para experimentar el proceso de su forma habitual de pensar.

Otros valores de los pensamientos ocasionales que aparecen durante la meditación apuntan a pequeños centros o complejos de energía emocional y mental. Dichos complejos, al distorsionarse, se llaman *neurosas*. Los patrones de pensamiento neuróticos llevan al comportamiento neurótico; ocasionan fricciones en nuestra personalidad y en las relaciones con los demás. El hecho de experimentar pensamientos que se aproximan cuando medita, significa que se acerca a un claro entendimiento de las distorsiones mentales que limitan su vida de alguna manera.

Todo comportamiento comienza como una respuesta hacia alguna necesidad o deseo. Mientras está ocupado tratando de resolver los procesos mentales que se presentan durante la meditación, recuerde que en algún momento en el pasado, este comportamiento llevaba una intención positiva. Al examinar los pensamientos que nos han conducido hacia un comportamiento en particular, usted refleja su capacidad de ser benigno consigo mismo. Al hacer esto, respeta sus elecciones, así como su comportamiento, lo cual indica la apreciación positiva incondicional hacia su persona. El único lugar para empezar a meditar se encuentra dentro de su mente. Tendrá la oportunidad de prestar atención a todo lo que ahí se aloje. "Verá" imágenes, "escuchará" voces, experimentará sensaciones físicas y percibirá respuestas emocionales. Cualquier cosa que experimente, se refiere a usted. Tal vez no tenga mucho tiempo para ser simplemente usted mismo. Ahora que se le presenta la oportunidad, sea benigno consigo mismo, aun cuando esté criticando mentalmente sus propia técnica para meditar.

Ejercicio 7
Sea gentil con sus pensamientos

Comience su meditación poniéndose cómodo. Tenga a la mano papel y lápiz por si desea anotar algo.

1. Cuando se disponga a enfocar su mente observe cómo se relaja su cuerpo. Podrá darse cuenta de que su respiración se torna lenta. Ciertos músculos comienzan a relajarse.
2. Note cómo algunas ideas esporádicas se presentan en su mente, y déjelas pasar.
3. Enfoque de nuevo su mente.
4. Tal vez alguna idea irritante se presente. Ponga atención y déjela pasar. Si la idea no desaparece, escriba una o dos líneas acerca de ella.
5. Entonces, regrese a su meditación. Haga este ejercicio por lo menos durante 10 minutos.

¿Cuántas ideas anotó? ¿Le parecieron importantes? ¿Algunos pensamientos simplemente pasaron sin dejar huella? ¿Se presentó el mismo pensamiento una y otra vez? Al poner atención de esta manera —escribiendo cualquier pensamiento que valiera la pena escribir— usted se concentra en su proceso mental. No se trata de criticar, ya que no existe un crítico. Sólo permanece observante en su propio funcionamiento mental.

Me doy cuenta de que durante la meditación pienso en algo que necesito recoger en la tienda. Al escribirlo, dejo de preocuparme de que se me pueda olvidar. A veces la imagen de algún amigo se aparece en mi mente. Si escribo su nombre, recuerdo que debo llamarle o escribirle. Si llegara a presentarse el recuerdo de un acontecimiento que me causó enojo o me entristeció, una oración escrita puede ayudarme a recordar esa parte de mi historia. Noto que, después de un rato, los pensamientos dejan de aparecer y los que surgen son más significativos. Aunque no han cambiado muchas cosas en mi vida, encuentro que la relación conmigo misma se ha renovado, brindándome el respeto y la atención que merezco.

Khenpo Karthar Rinpoche escribió lo siguiente acerca del significado de la meditación: "La práctica de la meditación es muy importante en la vida de las personas. La meditación significa aplicar las técnicas apropiadas para cultivar una mente benigna y apacible. También tiene que ver con el proceso de acostumbrarse a este estado mental más sano".[1]

Se dará cuenta de que este estado mental más respetable y relajado, es un cambio refrescante. Piense: ¿por qué tiene que culparse de todas las pequeñeces que suceden? Usted trata de hacer lo mejor que puede todo el tiempo. Además, las demás personas ya critican demasiado sus acciones, decisiones y resultados. Cuando tome el tiempo para preocuparse por sí mismo incondicional y positivamente a través de la meditación, se ha hecho un regalo que no tiene precio.

Ejercicio 8
Dándose cuenta de sus pensamientos

Este ejercicio puede realizarse en cualquier momento. Sólo necesita unos cuantos minutos. Puede practicarlo en lugar de leer una revista en una sala de espera. Si hay otras personas, cierre sus ojos. Ésta será la señal de que usted no desea hablar con nadie. Si se encuentra solo, puede adoptar su posición normal de meditación.

1. Comience a meditar como acostumbra.
2. Note el primer pensamiento que se le presente.
3. En vez de descartarlo, enfoque su mente en el pensamiento por un momento. Evalúelo o redáctelo en su mente.
4. Regrese a meditar, con la intención de encontrar más información acerca de este pensamiento.
5. Observe el siguiente pensamiento. Compárelo con el primero. ¿Se parecen? Si no es así, imagine que existe una conexión entre ellos, y regrese a meditar.
6. Observe el siguiente pensamiento, y así sucesivamente.

Si existe alguna meta al hacer este ejercicio, ésta consiste en poder observar sus pensamientos sin juzgarlos. En dicha acción los pensamientos se convierten en su enfoque. Tendrá curiosidad de saber cómo se relacionan los pensamientos entre sí, pero no es necesario que luche para hallar una conexión entre ellos. Fíjese que los pensamientos se presentan uno detrás del otro. Cuando haya terminado, notará que sus primeros pensamientos se enchufan con otros, todo aparece de momento y ahora forma parte de una figura mayor. Este proceso de meditación puede ser llamado *reverie*. Permita que los pensamientos emanen para examinarlos con curiosidad.

Resumen

El último ejercicio al final de este capítulo sugiere la factibilidad de identificar cierto pensamiento o problema, lo cual permite que su mente reciba otro pensamiento y descarta la posibilidad de resolver algo. Ésta es una técnica para solucionar de problemas que puede formar parte de su rutina diaria.

Ordenar mi escritorio me da la oportunidad de practicar la meditación; cada documento, cada libro o archivo actúa como los pensamientos que se aproximan. Mientras pongo cosas en su lugar y arreglo los papeles, mi mente se mueve con libertad, de una cosa a la otra, sin esperar conexiones en particular. Cuando termino, regreso a otras tareas con la mente clara. Al realizar este proceso, soy benigna con mi persona de distintas maneras. Arreglo mi oficina, descubro cosas que habían "desaparecido", acomodo mis útiles de trabajo para encontrarlos con más facilidad, y me he regalado cinco o 10 minutos de descanso resolviendo problemas menores. Finalmente, he logrado algo positivo al mejorar mi ambiente de trabajo.

En el siguiente capítulo presento un estilo tradicional de meditación llamado *shamata* o *shinay*.

DESPUÉS
DEL COMIENZO

Uno tiene que probar por sí mismo y darse
cuenta de si esto es genuino, o si ayuda, y antes de
desecharlo se debe dar un paso más, para que
al menos uno adquiera por experiencia propia
el sabor de los pasos preliminares.

CHOGYAM TRUNGPA RINPOCHE,
Meditación en acción

Usted se encuentra en el sendero que lo lleva hacia la meditación regular, y siente que necesita algo más sistemático. Con
una mejor idea acerca de cómo trabajan las cosas, usted quiere
darle forma a su meditación. Este capítulo introduce un popular
método de meditación. *Shamata*, una palabra sánscrita. *Shinay* en
tibetano. *Shi* significa "paz" o "pacificación", el menor de los po-
deres del pensamiento continuo; *nay* significa "permanecer". Al
desarrollar tranquilidad, permitimos que la mente descanse en un
tema o enfoque, lo cual quiere decir que la meditación sosegada
nos conduce al logro de mantener la mente en paz.

La meditación sosegada comparte cualidades con otras prácticas de la meditación. De hecho, no se me ocurre otra alternativa
de la meditación en la que uno encuentre tanta paz mental como
en la sosegada. Esta paz en parte es debida a la relajación consciente. Se deriva de la aceptación de cualquier pensamiento que se
presente, en vez de reprimirlo o rechazarlo, y de brindar completa

atención hacia nosotros mismos por unos minutos a diario, sin ningún pensamiento por el resto del día.

Ejercicio 9
Meditación sosegada

1. Siéntese cómodamente en el suelo, en un cojín o en una silla. Colóquese derecho, pero no se esfuerce al hacerlo. Sentarse erecto nos permite respirar apropiadamente.

2. Ponga sus manos ligeramente sobre sus muslos. Sus brazos no debe sentir ningún estrés. Los codos deben permanecer junto a su torso.

3. Enfoque sus ojos a dos metros frente a usted, mirando hacia el suelo. Recuerde: encuentre un punto de enfoque fácil de mantener sin causar estrés.

4. Perciba su respiración. Note cómo se siente inhalando y exhalando. Siga sus respiraciones, como si pudiera ver el movimiento del aire.

5. Inhalará otra vez con normalidad. Observe al respirar.

6. Mientras realiza este ejercicio, los pensamientos surgirán con naturalidad. La idea de la meditación es reconocer los pensamientos, y después regresar a su respiración.

7. Registre los pensamientos como "pensando", mantenga una postura cómoda, y de nuevo perciba su respiración.

Esta meditación intencionada puede enfocarse en un objeto; por ejemplo, una vela. Al adquirir práctica, dejará de mirar fijamente a su punto de enfoque, y sus ojos se relajarán y tal vez su mirada se tornará borrosa.

Se dará cuenta de que esta meditación es simple, pero no necesariamente sencilla. Al sentarse y respirar, notará qué pensamientos vagos se originan. Moverá su cuerpo para ponerse cómodo. Esta meditación requiere paciencia y la paciencia es una de las principales cualidades que desarrollará con etiempo. Como adquirir práctica en los deportes toma tiempo y esfuerzo, aprender a sentarse quieto —en cuerpo y mente— también requiere lo mismo. Cuando adquiera habilidad en la práctica de la meditación, se dará cuenta de que tendrá más paciencia con sus semejantes. Esto se debe a que entonces será capaz de prestar toda su atención a otras personas.

Enfoque su atención

Necesita tener un punto de enfoque. Puede ser una referencia visual, un objeto o su respiración. Si la respiración es su punto de enfoque, permita que cada inhalación ocurra con naturalidad. Inhale y sienta cómo el aire entra en su cuerpo. Cuando exhale, perciba cómo el aire llena el espacio a su alrededor. Al seguir sus inhalaciones y exhalaciones podrá mantener un enfoque total. Después de unas cuantas respiraciones, su enfoque permanecerá en el proceso de respiración y la percepción de las circunstancias externas se reducirá considerablemente.

Qué esperar

La mente permanece increíblemente activa con pensamientos que la distraen. Se sorprendería si supiera cuánta actividad existe en su mente. Los pensamientos parecen dispersos y se presentan al azar, uno tras otro.

La mente se mueve hacia una dirección en un solo sentido. Cuando se acomode, se dará cuenta de que la orientación de sus pensamientos es consistente. Aunque fluyen constantemente, siguen la misma dirección, como una cascada. Hay rocas y declives, pero ella sigue la misma dirección.

Después de un tiempo, los pensamientos no lo distraerán de su punto de atención. Esto será un gran logro. Lo experimentará por unos minutos y después regresará al estado de "mente ocupada" o al "estado de flujo". De todas maneras, ha experimentado un estado de paz en el que puede concentrarse en la meditación, aunque se dé cuenta de que los pensamientos van y vienen de manera constante.

Eventualmente su mente se aquietará en unos cuantos minutos o tan pronto como usted se siente. Éste es el resultado de la práctica y la familiaridad con el proceso de meditación. Usted se transporta a un espacio familiar y confortable y puede mantenerse ahí durante su meditación.

Algunos días no experimentará ese estado mental. Esto puede resultar frustrante, al esperar un progreso consistente. Dichas interrupciones en su meditación, en cierto modo representan un progreso. Al incrementar su práctica meditativa, desarrollará una enorme compasión por sus días "no meditativos".

Con el fin de comprender este estilo de meditación, necesita continuar practicando hasta que obtenga la capacidad de calmar su mente en el preciso momento de comenzar a meditar.

Existen dos obstáculos en la meditación, pero hay maneras de superarlos:

1. Es posible que experimente un sentimiento de debilidad, o tal vez se quede dormido. Este estado no es beneficioso, pero es lo que siente y debe ser aceptado como parte de su ser. Para remediar la debilidad o el adormilamiento, levante su nivel de atención a la meditación —cuál es su postura, cómo está respirando, cómo percibe el objeto—. Corrija su postura sentándose derecho o firme. Mire al cielo o al techo. Estire los músculos. Si no interrumpe la meditación

de otra persona, párese y camine un poco, poniendo atención a sus movimientos. También puede visualizar su respiración como si fuera una luz blanca. Imagine que llena todo su cuerpo, mientras inhala. Cuando exhale, su respiración es una luz blanca que flota y desaparece en el espacio.

2. Excitarse es también una posibilidad que puede ser causada por sentimientos persuasivos que se presentan o por distracciones que ocurren en nuestro derredor. Cualquiera que sea el motivo, esto es algo que puede prevenir la concentración en la meditación. Para evitar la excitación, trate de desviar la vista un poco hacia abajo, o cierre los ojos por unos minutos. Relaje un poco su postura, enderécese de nuevo. Mueva sus hombros para relajar sus músculos. Visualice su exhalación como una luz de color azul, índigo o negro, e imagine la oscuridad alcanzando el suelo. Entonces respire con luz del mismo color, para que llene su cuerpo de oscura calma.

Recuerde que la clave para la meditación es practicarla un poco cada día. Encuentre una hora que funcione mejor para usted, y siéntese a meditar. Al principio hágalo a la misma hora, consistentemente. Se dará cuenta de que durante el día encontrará el momento perfecto para relajarse y meditar. No tiene que meditar a la misma hora todos los días, pero notará que podrá sostener el mismo horario sin mayor esfuerzo.

Beneficios de la práctica *shamata* para principiantes

• Simplemente se sentirá más feliz. Así de sencillo. Sus preocupaciones disminuirán y tendrá menos pensamientos neuróticos. Sentirá menos miedo y comenzará a reconocer

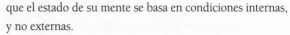

que el estado de su mente se basa en condiciones internas, y no externas.

- Aprenderá a enfocarse. En la meditación *shamata* ocurren distracciones. Al continuar meditando estará sujeto a menos distracciones y hallará calma. Al aprender a mantener el enfoque en cualquier cosa que haga aplicará este beneficio a otras actividades.

- Debido a que usted se siente feliz y más productivo, le resultará más fácil relacionarse con las demás personas.

- Podrá mantener su posición mental, física y emocionalmente. Usted es como un cubo descansando en el suelo: no perderá el equilibrio con facilidad.

- Cuando experimente una de esas raras emociones que lo asaltan, será capaz de enfrentarlas sin problema. Por ejemplo, sentirá enojo cuando algo lo moleste, en vez de deshacerse del problema. De esta manera, usted estará listo para enfrentar lo que se presente en su camino.

Resumen

Mientras medita, usted escucha su voz interna, se experimenta a sí mismo y trabaja consigo mismo. Ésta es la meta más importante en la meditación. Otros beneficios que surjan serán el resultado del trabajo que desarrolle consigo mismo,

Dharma significa "trabajo." Aunque yo no pienso en la práctica de la meditación como un trabajo, tuve que trabajar duro para alcanzar los resultados. Esto es lo que Khenpo Karthar dice acerca del *dharma*: "Si no habla tibetano, no se ha perdido de mucho. Usted habla su propia lengua. Por otro lado, si no sabe el *dharma*, se ha perdido de mucho".[1]

En el resto del libro encontrará facetas y prácticas adicionales para meditar que podrán satisfacer completamente sus necesidades individuales. En el siguiente capítulo consideraremos la práctica de la meditación intuitiva, ya que la intuición es un producto de la meditación sosegada.

EXPERIMENTANDO
PERSPICACIA E INTUICIÓN

> Las personas tienden a hacer distinciones entre la
> vida espiritual y la vida diaria. Los hombres serán
> catalogados de tajo como "mundanos" o "espirituales".
>
> CHOGYAM TRUNGPA RINPOCHE, *Meditación en acción*

En el siglo XXI existe una profunda necesidad de vencer el espacio que existe entre lo mundano y lo espiritual. Es esencial integrar nuestras vidas físicas, emocionales, mentales y espirituales de una manera simbólica. Estamos involucrados en un sistema socioeconómico revolucionario. En la mayoría de los casos seguimos adelante sin completar nuestras tareas; por lo mismo, emociones de incompetencia abruman nuestra vida. La tristeza y un sentimiento de pérdida son los resultados inevitables de esta vida tan incompleta.

Cada persona tiene una semilla en sus adentros que es el potencial con el que él o ella han nacido. Puede ser un deseo de poder, violencia, una sed intelectual o un deseo profundo de amor (puede ser cualquier cosa que este individuo quiera o desee con fervor).[1] Junto con la semilla heredada, existe una voz que es el espíritu interno; siempre está ahí, nunca nos abandona, y algunas veces nos empuja hacia la dirección que habremos de tomar. La voz puede ser poco audible algunas veces, o virtualmente nos grita para que realicemos un cambio. Aplaude, nos engatusa, nos codea y nos molesta. Puede también utilizar trucos para hacernos cambiar. La meditación intuitiva es una manera de prestar atención directa a nuestra voz interna.

Ejercicio 10
Vipassana o meditación intuitiva

1. La postura es la misma que se utiliza en la meditación sosegada. Su mirada no se enfoca en el suelo, se dirige hacia el frente en la distancia. Esto incluye su visión periférica.

2. Mientras respira, fíjese en cualquier cosa que llame su atención visual. ¿Recuerda el ejercicio con la portada del libro? Se enfocaba en un objeto. Ahora experimente con cualquier cosa que pueda observar.

3. No se sienta extasiado con lo que mira. Simplemente manténgase alerta. Encontrará que su mente vaga de un lado a otro: la textura de la alfombra, el color de las paredes, la luz que entra por la ventana, la pintura en la pared, la pata de una silla… cualquier cosa que pueda observar.

Esta meditación lo ayudará a darse cuenta de sus alrededores, y a apreciar los detalles y las riquezas que lo rodean. Con poca frecuencia nos detenemos a observar el mundo de una manera tan intensa. Cuando aprenda a realizar esta meditación, encontrará que día con día su ambiente resultará más luminoso e interesante.

Trungpa Rinpoche añade acerca de *vipassana*:

Esta forma básica de meditación tiene que ver con tratar de observar lo que es. Existen muchas variaciones de esta práctica, pero generalmente se basan en diferentes técnicas de cómo mostrarse a sí mismo. El logro con esta clase de meditación es… lo que podríamos llamar "meditación de trabajo" o meditación extrovertida, en donde la destreza y la inteligencia deben combinarse como si fueran las dos alas de un pájaro. No existe duda de que tratamos de retirarnos de lo mundano.[2]

Recuerdo una ocasión cuando viajaba con mi madre. Otros miembros de la familia nos seguían en otro automóvil. Acababa de pasar una tormenta y mi atención estaba puesta en conducir a través de la lluvia. Mi madre, que miraba por la ventana, dijo: "¡Mira ese arco iris, es precioso!" Observé por un segundo, y continué conduciendo.

Mi madre continuaba admirando el arco iris; mencionó que era doble y cómo de momento se tornaba en triple.

"Estaciona el automóvil", dijo. Cuando lo hice, nos bajamos del auto y nos paramos a mirar ese increíble fenómeno natural.

El otro automóvil se detuvo detrás de nosotros, y mi hermano preguntó: "¿Qué pasa?" Claro estaba que mi madre y yo éramos los únicos que pensaron que valía la pena salir de la carretera para admirar el arco iris. Resultaba difícil explicar la razón por la que este suceso era tan importante para nosotros. Creo que terminamos diciendo que lo habíamos hecho porque podíamos. Nunca he vuelto a ver un arco iris tan glorioso. Hasta ahora, recuerdo ese momento que compartí con mi madre hace más de 30 años.

La meditación nos ofrece la oportunidad de ver —realmente mirar— el arco iris. Observará que puede tomar uno o dos minutos para apreciar algo, pensar en algo, o escuchar algún sonido e involucrar completamente sus sentidos dentro de la experiencia. Podrá darle su atención a las cosas diarias, de una forma más completa.

Esta atención o concentración es algo en lo que nos involucramos cuando trabajamos y jugamos. No es nada nuevo. Sin embargo, lo que resulta diferente es el desarrollo de una mayor capacidad de elegir cuándo y cómo concentrarse. Cuando trabaja en una tarea para la escuela o su trabajo, desearía poder evitar las distracciones ambientales, y ya ha aprendido cómo conseguirlo. Mientras aprende una nueva tarea, enfoca su atención en los pasos a seguir, excluyendo la contribución sensorial, que previene el aprendizaje de esta tarea en particular. Al involucrarse en algún juego, ignora las señales del hambre por un periodo prolongado, ya que se encuentra más interesado en dicho juego.

La meditación intuitiva prepara a la mente a sumergirse en un estado de concentración; es entonces cuando la intuición se presenta. Esta intuición se refiere a lo que existe. Se refiere a su actividad mental personal, los obstáculos que interfieren para escuchar a su voz interna, y los obstáculos que interfieren al observar lo que está aquí y ahora. Al desarrollar su habilidad para meditar, tendrá la capacidad de aceptar y reconocer cualquier pensamiento negativo que se presente. Podrá trabajar con ellos, en lugar de negar su presencia. Los utilizará como la tierra en la que planta las semillas de la intuición.

Todo lo que usted ha sido en vidas pasadas y durante esta vida en tiempos pasados se convierte en su presente. El futuro empieza desde este punto y abre todas las posibilidades que puedan existir. Al permitirse considerar todas las alternativas del pasado, usted está abriendo paso para que se presenten las oportunidades del futuro. La idea es examinar el pasado, pero no ahogarse en urgencias momentáneas que puedan causar daño o provocarle pesar.

Es posible que esté tratando de adquirir un mayor poder espiritual. Para conseguirlo, debe entender el otro lado de su ser: la sombra. Carl Jung desarrolló el concepto de la sombra, un componente menos consciente de cada uno de nosotros. Sin el entendimiento de los impulsos de la sombra es difícil —si no es que imposible— poseer una personalidad integrada. En la meditación intuitiva, usted se distrae pensando, por ejemplo, en las facetas de su personalidad que le disgustan; ocasionalmente, es movido por la intuición en su manera de actuar y el porqué de su falta de voluntad para aceptar estas características no aceptables. La sombra, de acuerdo con Jung, puede darle la información que necesita para lograr un balance con su personalidad.

Cada uno de nosotros tiene una visión interna del mundo. No nos parecemos a los 22 niños de segundo grado que tienen que desarrollar intuición para conocer el significado de ciertas palabras de la tarea de lectura, o para aprender los valores de las cifras de matemáticas. Poseemos nuestras propias interpretaciones de cualquiera de las "palabras" que llegan hacia nosotros, y somos capaces de sumar dos y dos y encontrar el resultado. No limitamos nuestro pensamiento a "tengo respuestas para todas las preguntas".

Encontrará que algo del material acerca de la intuición que aquí se presenta concuerda con su personalidad, mientras que otras ideas son totalmente opuestas. Su intuición al practicar los ejercicios comenzará con lo que se dice en este libro, ya que seleccionará lo que funciona para usted y lo que deberá ser considerado para los demás lectores.

Los ejercicios siguientes le ayudarán a entender mejor la sombra y su funcionamiento.

Ejercicio 11
Meditación en la sombra

Piense en algo que le disguste.

1. Al comenzar su meditación, enfoque su atención en eso.
2. Examine toda su desagradable realidad.
3. Mientras enfoca su atención, perciba qué pensamientos se aproximan.
4. Identifique cualquier sentimiento que tenga, ya sea emocional o corporal.
5. Profundice realmente en lo negativo del asunto que examina.
6. Mientras lo hace, note cómo su actitud acerca de ese asunto cambia.

Ejercicio 12
Meditando en asuntos sin importancia

Piense en algo que realmente le guste.

1. Mientras comienza su meditación, enfóquese su atención en eso.
2. Examine toda su realidad.
3. Mientras enfoca su atención, perciba qué pensamientos se aproximan.
4. Identifique cualquier sentimiento, emocional o corporal que experimente.
5. Profundice realmente en el punto positivo del asunto que examina.
6. Mientras lo hace, note cómo su actitud acerca de ese asunto cambia.

El resultado de estos dos ejercicios le sorprenderá. Cuando realmente examino algo que no me gusta, alguna cosa destaca que me muestra que siempre existe algo positivo mezclado con lo negativo. Lo opuesto existe al examinar algo que de verdad me agrada. La intuición puede resultar tan simple como pensar. "¿Por qué paso tanto tiempo mirando esto que en realidad me gusta?" Los lados bueno y malo de la sombra añaden poder a las imágenes.

Resumen

Es probable que la intuición no se presente por un tiempo. La paciencia resulta indispensable para alcanzar resultados en la intuición meditativa. Usted ha aprendido a ser generoso consigo mismo, a aceptar cualquier idea que se le presente mientras medita, y algo acerca de la disciplina al meditar todos los días por unos cuantos minutos; ha encontrado aunque sea algunos instantes para dedicarlos a su persona (otra manera de generosidad). Ahora debe seguir haciendo lo mismo, aunque parezca que nada sucede.

El siguiente capítulo explica cómo la meditación deriva en un estado de consciencia alterado.

ESTADOS ALTERADOS
DE CONSCIENCIA

> El hecho de entrar en un estado alterado
> de consciencia no es raro. La pregunta
> es si usted utiliza dicho estado
> para producir cambios.
>
> RICHARD BANDLER Y JOHN GRINDER,
> *Sapos convertidos en príncipes*

En la década de los sesenta pensábamos que el estado alterado de consciencia era inducido por las drogas. Sin considerar que las drogas son algo nuevo. Las bebidas alcohólicas alteran nuestra consciencia, y es algo que ha existido desde el principio de la historia, o tal vez desde tiempos anteriores. Las plantas derivadas del opio se han utilizado para propósitos medicinales o de recreación desde el siglo I o desde periodos aún más lejanos. El café y el chocolate alteran la química del cerebro y, por lo tanto, el estado de consciencia. A algunas personas incluso nos afectan los cambios de clima.

Con la introducción del hinduismo y del budismo en el Oriente hemos incorporado algunos principios básicos de las prácticas de alteración mentales dentro de nuestro vocabulario. Bromeamos acerca del *kharma* positivo o negativo (un término sánscrito). Cuando expresamos "respeta mi espacio", lo decimos seriamente. Lo que en realidad pretendemos afirmar es "dame tiempo y espacio, necesito pensar".

Ahora, al comienzo del siglo XXI, alteramos nuestras mentes con la televisión, el uso del internet y diferentes juegos electrónicos. Al utilizar la tecnología podemos internarnos en una realidad virtual y experimentamos algo que es muy parecido a la realidad. Utilizamos la aromaterapia para calmar nuestro cuerpo y nuestra mente. El uso de audífonos nos ayuda a cerrar nuestra realidad ambiental y a crear una realidad diferente.

Realmente entramos con mucha frecuencia en un estado alterado de consciencia. Al cambiar cualquier tema, primero entro en un estado alterado y después induzco a la persona que me escucha a hacer lo mismo. Cada vez que su atención divaga de una cosa hacia otra, usted entra en un estado alterado de la mente. Ésta es la manera como nos comunicamos con el mundo: cambiando nuestro estado mental.

Ejercicio 13
Cambiando sus estados mentales

1. Piense en una sola cosa durante un minuto.

¿Lo pudo hacer?, o su mente divagó en otro sentido. Para muchos, divagar en otro sentido es inevitable. Por otro lado, si yo le hubiera dicho: "No piense en el coche rojo," se dará cuenta de que ha tenido un sinnúmero de visiones de autos rojos en su mente: convertibles, deportivos, familiares, etcétera. Tal vez comenzó a pensar en carros de bomberos o camionetas. De alguna manera dejó de pensar en los vehículos rojos y se le ocurrió otro color, pero muy probablemente su mente permaneció en los coches rojos. Es en realidad increíble que a veces tendemos a actuar de manera opuesta a la dirección que se nos ha indicado.

La meditación es también un estado alterado de la mente. Los estudios han demostrado que la meditación altera los estados físicos, emocionales y mentales de las personas que meditan. Existen tres alteraciones centrales que suceden, y cada una tiene su propia calidad emocional:

1. Lo primero, es descansar. Al meditar, su cuerpo descansa. Generalmente, usted estará sentado en una posición que no será muy estresante, como la postura de *lotus*, con las piernas cruzadas y las manos extendidas sobre las rodillas. Otras personas no serán capaces de lograr esto, pero pueden sentarse relativamente quietas. Encontrar la posición adecuada ocupa nuestra mente y nos olvidamos de las preguntas urgentes y los problemas en los que pensábamos en los minutos previos.

2. Descansar la mente ocupa el segundo lugar en nuestra lista de prioridades. No resulta tan simple, pero por lo general podemos relajarnos durante algunos minutos y deshacernos de las presiones que saturan nuestras vidas. Descubrimos que al tratar de hacerlo, experimentamos relajación en nuestros músculos faciales. Tal vez cerramos los ojos, o dejamos que la piel de nuestra frente y mejillas se arrugue de manera tenue. La mandíbula se cae un poco. Todo esto sucede al tratar de relajar nuestra mente.

3. Enfocar la mente viene en tercer lugar. Una vez que nos sentemos y nos relajemos, la mente comienza a divagar. Ahora tenemos que enfocarnos en algo.

Ejercicio 14
Pensamientos que divagan

Ubique un lugar para sentarse por unos momentos. Tal vez se encuentre sentado en este momento; si es así, no tendrá que moverse.

1. Relájese, deje el libro y concentre su mente en el ejercicio.
2. Sin mucho esfuerzo, simplemente concéntrese en lo que ve, escucha, huele, saborea y siente.
3. Ponga atención a la manera como su mente divaga entre una cosa y otra.

Resulta muy fácil distraerse mientras intenta hacer este ejercicio. En sólo 30 segundos me di cuenta de un dolorcillo de espalda, el ruido de la silla mientras me recargaba en ella, el sonido de un avión que pasaba, el ventilador de mi computadora, cómo se siente tener las manos sobre mi regazo, y hasta la sensación de mis parpados al cerrar los ojos.

Metas de la meditación

Una de las metas de un gran número de prácticas de meditación es el alterar el estado de consciencia de una manera específica. Al principio, esto parece prácticamente imposible. En definitiva, su mente cambia, pero cuando se sienta y trata de aclararla, docenas de pensamientos se aproximan y empañan la paz que está buscando. No puede alcanzar el muy anhelado estado de paz.

Puede resultar útil redefinir lo que conocemos como estado alterado de consciencia. Tal vez la definición no es lo suficientemente amplia. Es cierto, meditamos para encontrar un estado mental más pacífico y calmado. Es posible que el problema se deba a que hemos definido ese estado sin entender a plenitud lo que tiene que suceder para poder alcanzarlo. Tal vez hemos etiquetado otros estados de consciencia como alterados, debido a que no son pacíficos o calmados.

Experimentamos por momentos estados mentales alterados. Todo lo demás, a excepción de lo que pensamos, sentimos o esperamos obtener en ese instante, es un estado alterado de consciencia. Muchos medicamentos pueden causar un estado alterado. El café, el alcohol, los cigarrillos y el chocolate son capaces de alterar nuestra consciencia. La ropa que nos provoca calor, el aire fresco, un baño, el perfume —cualquier cosa— puede crear estados alterados de consciencia.

Si todo resulta en un estado alterado de consciencia, entonces no debe ser tan difícil alcanzarlo. Sólo permanezca abierto a todas las posibilidades.

Ahora que comprendemos lo fácil que resulta alterar nuestro estado de consciencia, podremos avanzar y encontrar la respuesta a la pregunta original: ¿cómo puedo aprender a alcanzar un estado mental más relajado y pacífico? ¿Cómo puedo buscar dentro de estos posibles estados alterados de la mente para hallar los que me hagan sentir mejor, disminuyan mi presión arterial o me ayuden a sentir compasión por las demás personas?

Hasta ahora, usted ha aprendido en este libro acerca de cómo la gente medita, y ha explorado los mecanismos de concentración y atención. También ha aprendido que, primero que nada, es necesario ser benevolente con uno mismo, y a dar los primeros pasos hacia esa dirección. Ha entrado en el reino de la meditación en una posición sentada, y mientras se sienta empezará a darse cuenta de los pensamientos y sentimientos que lo acosan. Asimismo, empezará a entender los estados mentales que resultan típicos en su vida. Esto es porque los pensamientos que se presentan mientras medita, son los mismos pensamientos familiares o tipo de pensamientos que usted encara día con día.

Tal vez tienda a elaborar una lista de las cosas que "debe" estar haciendo en lugar de meditar. Es probable que sus pensamientos se dirijan hacia los sentimientos de las cosas que pasaron ayer, la semana pasada o hace 20 años. Quizá piense en sus padres, sus hijos, su esposo o su esposa, o en sus amigos. Problemas en el trabajo que podrán presentarse una y otra vez. Cualquier dificultad que esté intentando resolver podrá asaltar su mente en una variedad de formas distintas. Si eso ocurre cuando medite, puede felicitarse a sí mismo porque es una persona completamente normal. ¡Bienvenido al mundo de estados alterados de consciencia!

La meditación no se utiliza para tratar de expulsar dichos pensamientos. Después de todo, usted requiere un gran número de pensamientos para hacer su trabajo, preparar la comida o atender actividades sociales. Querrá seguir teniendo esos pensamientos cuando los necesite. Lo que desea obtener al meditar es la habilidad de relajar su mente, para tener mayor control sobre cómo y cuándo ciertos pensamientos se presentan.

Por ejemplo, cuando yo era joven experimenté la muerte de mis padres. Sufrí inmensamente su pérdida. Pensaba en ellos todo el tiempo. Me preocupaba por pequeñeces, cosas que hicieron o no hicieron por mí y cosas que hice o dije que hubieran podido herirlos. No podía pensar en nada más, y cuando pensaba en otros asuntos, me sentía culpable porque creía que estaba olvidando a mis padres. Sin necesidad de decirlo, mi estado mental en general era muy incómodo, y no me permitía seguir adelante con mi vida.

Tiempo después de su muerte, decidí a aprender a practicar la meditación. Me sentaba, muchas veces incómoda y otras con comodidad. Unas veces me sentía paciente y por momentos impaciente. Incluso asistí a algunas prácticas de meditación con mis hijos. Gradualmente me di cuenta de que podía alcanzar un estado mental más calmado después de algunos minutos.

Los años pasaron

Cuando supe que mi suegro había muerto repentinamente, de inmediato me recosté en mi escritorio y me puse a llorar. No sólo un poco. Lloré profundamente por lo menos durante dos minutos. Entonces traté de continuar la conversación telefónica con mi esposo. Él me dijo: "Lo mismo hice cuando me llamaron para avisarme". Los dos lloramos intensamente durante algunos minutos. Después continuamos con nuestros planes, con calma. No estábamos contentos, pero pudimos crear un plan de acción.

Otra persona condujo mi automóvil ese día. Me sentí mejor al tener a un compañero de trabajo a mi lado, con quien poder conversar y distraerme así de mi problema inmediato.

Al pasar de los días, descubrí que podía enfocar mi atención en las cosas positivas acerca de mi suegro. Él pasó mucho tiempo con nosotros, en el centro de la ciudad donde comíamos o merendábamos juntos, comprando muebles para la casa, arreglando cosas que necesitaban reparación. Mi esposo y yo nos dimos cuenta de que, cuando pensábamos en él, lo extrañábamos, y lo mejor de todo es que él no sufrió al morir y eso nos hizo sentir en paz.

Ahora me doy cuenta de que todos estos años practicando la meditación significaron la diferencia entre dudar en mí mismo acerca del pasado, y la paz de poder recordar al hombre amable que había entrado en mi vida. Para mi sorpresa, descubrí que a la vez pude recordar las cosas buenas acerca de mis padres y fui capaz de marginar los errores que pude haber cometido. ¡Había cambiado la manera en que los pensamientos me asaltaban! Modifiqué mi camino, que incluía tener pensamientos positivos, constructivos y significativos, y evité los tropiezos que producen los pensamientos negativos. De cualquier manera tengo pensamientos negativos. Ocurren con menor frecuencia y permanecen en mi mente menos tiempo que antes. Por esta razón, estoy contenta con mi vida.

Ejercicio 15
Cambiando sus pulsaciones

Una investigación ha demostrado que las personas pueden alterar o disminuir la presión arterial a través de la actividad física. Si usted camina, corre o hace ejercicio, su presión arterial aumentará. Al disminuir la actividad, la presión arterial volverá a la normalidad. De la misma manera, usted es capaz de manipular su estado mental.

1. Colóquese en postura de meditación y dedique unos momentos a relajarse. Respire profundamente. Sienta cómo su cuerpo toca el suelo, el cojín o la silla.

2. Fíjese en su respiración. Ponga sus dedos sobre la garganta y sienta sus pulsaciones.

3. Imagine que desarrolla una actividad extenuante. Tal vez subir una colina, perseguir a su perro. Persígalo alrededor de la colina. Imagine que hace esto hasta que se sienta cansado.

4. Una vez más, pose sus dedos sobre la garganta. Aunque su posición no ha cambiado, se dará cuenta de que sus pulsaciones han aumentado. Sólo pensar en la carrera incrementa los latidos de su corazón.

5. Ahora imagine que sostiene al perro por la correa y empieza a bajar la colina. En lugar de precipitarse, baja con calma, permitiendo que su mascota olfatee para encontrar conejos u otros pequeños animales. Usted observa el color de

las plantas, las rocas, cualquier cosa que aparezca en su camino. Tal vez se ha detenido a recoger alguna cosa pequeña y la examina y siente el calor del sol en su espalda.

6. Ponga sus dedos de nuevo sobre la garganta. Notará que, una vez más y sin haber movido el cuerpo, sus pulsaciones han cambiado, se han vuelto normales. Percibirá que su respiración ha disminuido, de la misma manera como se enfría después de hacer ejercicio.

La mente es una herramienta poderosa. Puede ser nuestra aliada o lo contrario cuando buscamos la paz. Con la práctica podemos regular nuestro proceso de pensamiento de una manera positiva, y la meditación es parte de esa práctica.

El papel que juegan los medicamentos

Su doctor puede recetarle medicamentos para curar los males que padece. Muchas medicinas han sido diseñadas para tratar los síntomas de las enfermedades. Algunas funcionan de maravilla, pero muchas reducen los síntomas y permiten que el cuerpo sane. Es importante que usted continúe tomando los medicamentos prescritos, aunque practique la meditación con regularidad. Puede discutir la práctica de la meditación con su doctor, y puede trabajar con él para encontrar la dosis adecuada, al observar el cambio en su actividad mental.

Algunos medicamentos naturistas han sido concebidos para ayudar al cuerpo a atacar las enfermedades o a sobreponerse a la debilidad. Estos fármacos tienden a empujar los mecanismos curativos del organismo para que entren en acción. Algunas veces un remedio homeopático producirá una respuesta tanto emocional como psicológica. Podremos entonces asumir que el medicamento está trabajando, así como cuando tomamos una medicina alopática y notamos que nuestros síntomas se reducen o desaparecen.

Es cierto que la meditación puede contribuir a reducir la necesidad de tomar medicamentos. Si su presión arterial y su nivel de colesterol decrecen, es posible que no requiera todos los medicamentos que le han recetado durante un episodio agudo. Si sus migrañas han cesado, por supuesto que puede dejar de tomar la medicina que le prescribieron para combatirlas. De la misma manera, puede conservar una o dos dosis en caso de que las llegara a necesitar. La meditación no se practica con el fin de evitar los tratamientos médicos. Es un complemento invaluable para ayudar en su dieta, el ejercicio y el tratamiento médico.

En una entrevista por internet, el doctor Dean Ornish explica:

La meditación es una excelente ayuda para el funcionamiento del corazón y el resto del cuerpo. Su práctica lo puede llevar a un estado más profundo de relajación, que resulta aún más profundo que el sueño. Esta profunda relajación ayuda al corazón a comenzar a recuperarse… Muchos estudios han documentado que la práctica regular de la meditación puede bajar la presión, reducir la frecuencia de los latidos irregulares del corazón y tal vez disminuir el nivel del colesterol independientemente de una dieta. La meditación es una parte importante de mi programa para reducir las enfermedades del corazón.[1]

El doctor Ornish confirma aquí que la curación física puede originarse de la meditación, como mencioné con anterioridad en este capítulo, y que la curación emocional puede ocurrir. Esto se debe a que usted altera sus percepciones de manera consciente, o al menos sus respuestas para el mundo. Está aprendiendo cómo escoger su respuesta en lugar de reaccionar.

Cuánto tiempo debemos meditar

En los capítulos anteriores hemos mencionado que no es necesario que practique durante horas para adquirir los beneficios de la meditación. Observemos la evidencia de sus bondades. Cary Barbor escribió: "Investigaciones recientes indican que aun haciéndolo por 10 minutos los beneficios de la meditación son dramáticos. Varios estudios han demostrado que las personas que meditan por corto tiempo muestran un incremento de ondas alfa [las ondas relajadas del cerebro] y una disminución de la ansiedad y la depresión".[2]

En el capítulo 1 —"¿Por qué meditar?"— mencioné que periodos cortos de meditación son más benéficos que meditar por horas. La investigación muestra ahora que practicarla durante 10 minutos, de acuerdo con algunos maestros, es mucho más útil que hacerlo por más de una hora, una vez por semana. Podemos dedicar 10 minutos al día para meditar. Es menor ese lapso que el promedio de tiempo libre que usted tiene en el trabajo y practicar la meditación es más saludable y cuenta con ventajas.

Nuevamente Cary Barbor relata: "Algunos jóvenes practicantes de la meditación trascendental se acercaron a mí para que observara su presión arterial, fue algo sorprendente. Al simplemente cambiar sus patrones mentales, estos jóvenes experimentaron la reducción de su metabolismo, su ritmo respiratorio y la frecuencia de las ondas cerebrales. A estos cambios los llamé 'la respuesta a la relajación'".[3]

Durante el estudio se estableció un periodo en el cual los jóvenes participantes simplemente se sentaron en silencio, sin meditando. Los resultados sugieren que, aprendiendo a meditar, usted puede cambiar de manera efectiva la respuesta de su cuerpo en relación con los diferentes eventos. La respuesta "ataque o desaparezca" ocasiona una descarga de adrenalina, aumenta los latidos del corazón y es posible que produzca una rápida coagulación de la sangre. Una respuesta continuada de esta naturaleza puede ocasionar estrés y enfermedades cardiovasculares. Con la "respuesta de relajación", el resultado físico que se obtiene es opuesto al anterior resultado, y es sabido que reduce el indicio de cualquier enfermedad cardiaca.

Ejercicio 16
Cambiando sus patrones de pensamiento

Usted ha observado cómo diferentes pensamientos interrumpen su estado meditativo. Esto es inevitable. Ahora es tiempo de desarrollar una línea de pensamientos que debemos mantener. Puede elegir de manera consciente uno de ellos cuando esté meditando, cuando trabaje o cuando se sienta estresado.

1. Siéntese y relájese. Respire profundamente.
2. Recuerde algún lugar hermoso que haya visitado. Observe sus colores, sonidos y olores. Note cómo se relaja con más profundidad, mientras piensa en dicho sitio. Las montañas son uno de mis lugares favoritos.
3. Escriba este lugar en su lista.
4. Recuerde alguna melodía que le guste. Puede ser cualquiera: Bach o Beatles; aún la música más fuerte le ayudará a relajarse si es algo que realmente le gusta.
5. Incluya esa canción en su lista.
6. Imagine una paleta de colores. Escoja uno que le produzca un sentimiento de paz, y agréguelo a su lista. Me gusta el

color violeta que observo cuando se presentan las ondas cerebrales alfa.

7. Recuerde un poema, un refrán o alguna palabra de aliento (aun la fortuna que encontró en su última galleta de la fortuna). Agréguela a su lista. "Siga la corriente" me gusta.

8. Escriba la palabra *respire* en su lista.

9. Escriba su lista en una pequeña tarjeta y llévela consigo en su cartera o en su bolsa. Póngala en el lugar destinado a los billetes, de esta manera la verá con frecuencia y le recordará diferentes maneras de relajamiento.

Cada vez que lea las cosas que aparecen en su lista, encontrará un momento para entrar en estado de relajación. Mientras más practique, más fácil será lograrlo. Sentirá cómo estos momentos son como una bocanada de aire fresco. Hablando de respiro, uno o dos serán suficientes para alterar su estado mental en forma significativa. ¡Es tan fácil!

Resumen

Pensamos en la consciencia como un estado estático de la mente, aunque en efecto nos encontramos en un estado alterado de consciencia cada momento que pasa. La flexibilidad de los estados mentales es lo que nos permite transportarnos de una cosa a otra muy fácilmente. Debido a que cambiamos nuestras mentes en una forma tan sencilla, la práctica de la meditación nos ayuda a utilizar esa capacidad para efectuar cambios positivos en nuestras vidas.

El siguiente capítulo habla sobre estilos de pensamiento y cómo afectan la práctica de la meditación.

PENSANDO
EN PENSAR

> Por lo general nuestra mente piensa en una cosa, mientras nuestro
> cuerpo hace otra. En tanto el cuerpo y la mente no se unan,
> estaremos perdidos y no podremos decir que estamos presentes.
>
> THICH NHAT HANH, *El corazón de Buddha está enseñando*

Ahora que usted está meditando aunque sea un poco, encontrará que puede cambiar el proceso de sus pensamientos para que piense acerca de lo que piensa; aunque suene redundante, usted analiza la clase de pensamientos que se presentan y se pregunta por qué emergen de esa manera. Algunas veces no existe razón alguna.

Muchas personas tienen maneras especiales de ver la vida. Piensan de cierta manera y experimentan el mundo de cierta manera. Mencionaré dos sistemas que describen la manera como pensamos: la tipología junguiana y la programación neurolingüística.

Carl Jung nos muestra cuatro tipos de personalidades: pensamiento, sentimiento, sensación e intuición. Richard Bandler y John Grinder desarrollaron un entendimiento de tres sistemas representativos: visión, oído y sensación. Resulta útil apuntar que el término *sensación* significa algo diferente dentro de cada sistema. Bandler y Grinder decidieron utilizar el término *kinestacia* en vez de *sensación*.

Tipos de personalidad

En el sistema junguiano, los cuatro tipos de personalidad representan cuatro maneras de enfrentar al mundo —cuatro distintivas formas de utilizar la mente—. Aunque la habilidad mental es sumamente apreciada en nuestro sistema educacional, y la inteligencia se relaciona con clase tipo de personalidad, los otros tres tipos tienen el mismo potencial. Otras culturas no ponen tanta atención en el pensamiento. Cada uno de nosotros tiene la capacidad de utilizar las cuatro funciones. Simplemente favorecemos una sobre la otra, y conservamos un segundo estilo en el que podemos confiar. Podemos desarrollar los cuatro tipos, y de hecho, ésta es una de las metas del proceso adulto del desarrollo.

Comencemos con la sensación. La sensación es la manera como percibimos la información del mundo que nos rodea. Incluye la vista, el gusto, el olfato, el tacto y el oído. Todos utilizamos nuestros sentidos todo el tiempo. Para el individuo sensitivo, el proceso mental se enfoca en las sensaciones. Este tipo de personas aprenden mejor haciendo, debido a que el aprendizaje ocurre a un nivel físico. Sabemos que algunos niños pueden realizar funciones matemáticas utilizando sus dedos, mientras que otros visualizan los problemas. La inteligencia del cuerpo es valiosa para todos.

El pensamiento es la función en la que la mayoría de la gente piensa al considerar la inteligencia. Jung dijo que "al pensar reconocemos el significado o propósito del objeto que observamos".[1] Observar alguna cosa no es suficiente. Necesitamos encontrar el significado de lo que vemos. Analizamos, catalogamos y también examinamos la información que se nos presenta.

Cuando Jung habla de sentimientos, se refiriere al proceso de evaluar el objeto o la información con la que trabajamos. Es posible que aquí las emociones jueguen algún papel, pero Jung alude primordialmente al proceso mental y no emocional. El juicio es la actividad involucrada en dicha acción. ¿Cuáles son mis sentimientos acerca del objeto? ¿Me gusta o no me gusta? ¿Cuánto? Jung no se refiere a formar juicios en este caso, sino a una evaluación que es profundamente personal.

La cuarta función es la intuición. Ésta es la manera como relacionamos la información al tiempo. Dicho proceso mental involucra lo que nos espera. Podemos considerar qué haremos con un objeto, o de qué manera colocamos un mensaje dentro de nuestros planes futuros. Predecimos el futuro utilizando la intuición o después de reunir la información obtenida de las otras tres funciones.

Ejercicio 17
Identificando los procesos mentales I

Los cuatro tipos de procesos mentales pueden ser utilizados para analizar su desarrollo de pensamiento aleatorio. Al meditar, considere las siguientes posibilidades.

1. ¿Tiene pensamientos primordialmente acerca de cómo percibe el ambiente de meditación inmediato? ¿Enfoca sus pensamientos en el calambre que sufre en su pierna, la manera en que la luz se ve en el tapete o el suelo, o los crujidos de las paredes del edificio? ¿Tiene calor, frío o sueño?

2. Tal vez sus pensamientos exploran el propósito de la información que percibe ahora mismo. Observa la luz en el tapete y piensa cómo calienta las fibras. Escucha los ruidos ambientales y piensa cómo se relacionan con el ventilador cuando el aire circula. Sienta el calambre, ahora relaciónelo

con su entendimiento de cuánto tiempo tarda el músculo en acalambrarse mientras medita.

3. Tal vez usted juzga sus experiencias momento a momento. "Me siento relajado, es una buena señal", "¡Mi pierna se está acalambrando! Eso no es bueno", "La luz de la ventana parece más brillante que ayer, eso significa buen clima".

4. La intuición que posee mide el valor de su meditación en el futuro. Usted se da cuenta de que la luz que calienta el tapete reducirá su pago de energía este mes. Está pensando cómo el tiempo que pasa meditando lo preparará para la junta de la tarde.

El objetivo de este ejercicio es descubrir cuál es su proceso mental típico. ¿Dónde lo lleva su mente cuando usted lo permite?

Mucha gente encuentra esta exploración mental difícil o hasta dolorosa. Tal vez no quiere darse cuenta de cómo trabaja su mente. De hecho, se esfuerza demasiado al evitar averiguarlo. ¿Recuerda el capítulo 4, "Sea benevolente consigo mismo"? Quizá quiera revisarlo ahora. Ahí se dice:

- Estos son sus propios pensamientos.
- Nadie ha puesto estos pensamientos en su mente.
- Sus pensamientos muestran cómo trabaja su mente.
- Sus pensamientos revelan sus hábitos mentales.
- Puede cambiar cualquiera de sus hábitos únicamente cuando llegue a entender su propósito.

A través del uso de la tipología junguiana usted puede aprender cómo llega a absorberse en cada uno de los procesos mentales. Mientras lo hace, sin duda descubrirá los hábitos mentales constructivos, o menos constructivos, que posee, y así empezará a cambiarlos.

Sistemas representativos

Mientras examina su proceso mental, descubrirá información adicional. Bandler y Grinder descubrieron a través de su investigación que cada uno de nosotros poseemos un estilo típico de acceso a la información en este mundo. Al nivel de sensación en la tipología de Jung, cada uno de nosotros poseemos un sentido dominante. Esto significa que, además de ser uno de los tipos junguianos, tenemos una particular inclinación dentro de nosotros.

El sistema representativo visual depende en la visión. ¿Qué tan básica es esta afirmación? ¿Qué es lo que realmente significa? Los tipos visuales tienden a imaginar una fotografía mientras piensan "Miran" las palabras. También le ponen un poco de "pimienta a su lenguaje" con palabras visuales. Al esperar nuestro turno para el *buffet* en un restaurante, mi madre diría: "¿Qué es lo que se ve bueno hoy? Mira el maravilloso tomate rojo".

Es interesante, pero mi respuesta es: "Pienso que las papas fritas suenan bien". Todos sabemos que las papas fritas no emiten sonido alguno en la charola, y mientras no estén demasiado fritas, no producen muchos sonidos cuando las comemos. ¿Qué significa cuando digo "suenan bien"? La palabra hablada evoca una respuesta positiva dentro de mí.

El sistema auditivo representativo depende de los sonidos verbales o de cualquier otro sonido. Un tipo auditivo "escuchará" respuestas internas a las preguntas y las externará en voz alta. Por ejemplo, si puedo escoger en dónde ir a comer, la mayor parte de mi atención se encuentra en los sonidos del ambiente de los restaurantes que he visitado, en lugar de la comida que ahí se sirve.

Quizás también en el sonido del nombre de los diferentes alimentos. ¿Qué te suena mejor, espagueti o pollo al curry?" Si se deja llevar por la sensación de su estómago, usted pertenece al tercer tipo: quinestético.

El tipo representativo quinestético analiza cómo se sienten las cosas en su cuerpo. Puede que se encuentren vinculada con emociones, pero la clave es la sensación asociada de su cuerpo. Cuando usted pregunta a alguna persona cómo se siente, tal vez se ha dado cuenta de que obtiene diferentes respuestas. Algunas personas tardan algún tiempo en darse cuenta de esto. Puede ver que han retirado su atención del mundo exterior, para concentrarse en su interior. Cualquiera que sea su respuesta, estas personas tal vez podrán contestar si usted pregunta en qué parte del cuerpo sienten su respuesta. Yo sé que las preocupaciones van directamente a mi abdomen y a mi estómago, miedo a mis pulmones y costillas, y amor a mi corazón. La felicidad básicamente hace que se rompan todas las costuras, por decirlo de alguna manera.

Ejercicio 18
Identificando los procesos mentales ii

Este ejercicio es muy simple: describa su experiencia al entrar en un edificio por primera vez. Escriba lo que observe. Ahora mire las palabras que utilizó para explicar la experiencia. ¿Mencionó el color del suelo, de las paredes o de los muebles? ¿Se dio cuenta de la música, el sonido de la puerta al cerrarse, o el ruido de los zapatos en el suelo de mosaico?

¿Se dio cuenta de la sensación de comodidad o tensión al entrar, o tal vez el cambio de la temperatura del aire? Utilizamos todo el tiempo palabras vibrantes y visuales, palabras agradables al oído y palabras que evocan. Cada uno de nosotros tiene preferencia por uno de los métodos para procesar información, y revelamos nuestra preferencia a través del lenguaje verbal y corporal.

¿Confundido?

Algunos de ustedes están familiarizados con los métodos de analizar los procesos mentales, y han escogido los que parecen mejores. Otras personas tal vez no se dan cuenta de lo importante que es considerarlo o tienen mejor suerte preguntándole a alguien más. En muchos casos es más fácil determinar el estilo de otra persona que definir nuestro propio estilo. El objeto de esto es el revelar la complejidad del proceso mental, y sugerir que usted es capaz de cambiar sus pensamientos, si modifica su perspectiva.

Utilizando las dos cosas que puede descubrir acerca de sí mismo —el tipo jungiano de su personalidad y el sistema representativo que emplea con más frecuencia— usted puede desarrollar una serie de "pensamientos" que tengan asociaciones muy positivas. Éstos pueden formar parte de la lista que lleva en su cartera. Anote en dicho listado experiencias visuales si usted es visual, o experiencias quinestéticas o auditivas si el sistema representativo visual no es su fuerte. Cuando medite, podrá reconocer cualquier pensamiento negativo en el instante en que se vaya presentando, y reemplazarlo con una de sus asociaciones positivas.

Ejercicio 19
Enriqueciendo su experiencia

Tome su postura de meditación y relájese:

1. Respire un par de veces profundamente.
2. Recuerde una experiencia positiva de su pasado.

Meditación para principiantes

3. Observe cómo la rememora: ¿las sensaciones, la lógica, los sentimientos o la intuición, es eso lo que domina? ¿Los recuerdos son visuales, auditivos o quinestéticos?

4. Ahora, yendo hacia el recuerdo en el que ha pensado, comience a extender su mente. ¿Qué más observa? Mire las otras maneras que existen para percibir esa experiencia positiva.

Mientras practica esta técnica, descubrirá la riqueza de la experiencia que lo ha abandonado. Este proceso de expandir sus percepciones sucederá dentro de sus actividades diarias. Descubrirá que observa cosas que nunca había visto, oído o sentido con anterioridad. Dicha práctica también le puede ayudar a manejar situaciones difíciles en su vida.

Cuando se encuentre en una situación difícil en su vida podrá "mirar" la salida al enfocarse en lo que sucederá en el futuro. Se dará cuenta de que recordar lo que otra persona dijo en una situación anterior le resulta útil en ese momento. Quizá podrá cerrar sus ojos, visualizar su color favorito y relajarse lo suficiente para cambiar una reacción menos consciente en una reacción más consciente.

Pensar en el lugar donde practica su meditación podrá ayudarle a relajarse y a entrar en un estado meditativo, sin importar dónde se encuentre.

Resumen

Al considerar de manera cuidadosa cómo trabaja su proceso mental, usted está desarrollando una amistad consigo mismo de un modo diferente. Se da cuenta de los procesos extravagantes a los que se somete y aprenderá cómo alterarlos, o al menos a modificarlos con otras imágenes, sonidos y sentimientos más positivos. Al aprender mejor su proceso de pensamiento, y al aumentar su posible respuesta a dicho proceso, permite que la posibilidad de un intervalo, en su muy activa corriente de información mental, se presente. Es aquí en donde usted experimentará la curiosidad, la inspiración y el éxtasis.

En el siguiente capítulo exploraremos la conexión entre el yoga y la meditación.

YOGA
Y MEDITACIÓN

La verdadera quietud significa quedarse quieto
cuando llega el momento de quedarse quieto, y
avanzar cuando llega el momento de avanzar. De este
modo, el descanso y el movimiento se encuentran
en acuerdo con las demandas de cada momento,
y por lo mismo existe luz en la vida.

El I Ching o Libro de cambios

Cualquier tipo de actividad que requiere gran concentración tiene un elemento de meditación. En la práctica de yoga existen tres componentes de meditación, además de la concentración indispensable para estirar los músculos, el realizar las posiciones y los movimientos de esta práctica. Dichos componentes son los *yantras*, los mantras y las visualizaciones.

Durante los años sesenta, la cultura estadounidense resultó inundada con elementos provenientes del hinduismo que eran bastante extraños: la meditación, el yoga, las prácticas religiosas y la ropa. De hecho, existen prácticas similares dentro de las religiones cristiana, judía e islámica. En este capítulo, discutiremos el yoga y su relación con la práctica de la meditación, y mencionaremos elementos comparables provenientes de otras diversas religiones que muestran la amplitud de la práctica de la meditación alrededor del mundo.

Prácticas de yoga

Existen varias ramas de del yoga, y muchas variaciones dentro de cada una de ellas. El *hatha yoga* es en lo que la mayoría de nosotros pensamos, cuando se menciona la palabra *yoga*. El *hatha yoga* incorpora ejercicios de respiración (*pre nayamas*), ejercicios de estiramiento y fortaleza (*asanas*), y meditación. Las posturas elegantes como el "saludo al sol" y otros ejercicios de *hatha yoga* muestran que, a través de la práctica, su cuerpo puede adquirir mayor flexibilidad, aun cuando sea una persona rígida y su flexibilidad sea limitada al empezar. Los resultados varían, pero la mayoría de las personas adquiere fuerza y flexibilidad cuando empiezan a practicar el *hatha yoga*.

El *hatha yoga* también le ayuda a mejorar su equilibrio. Al principio le será difícil sostener una posición parado en un solo pie, pero mientras más practique, sus músculos aprenderán a sostener la postura para que no se caiga. Existe un componente de equilibrio tanto mental como emocional que también se desarrolla. Aumentar el equilibrio en un área le permitirá mayor equilibrio en todas las demás.

El *raja yoga* no involucra posturas difíciles, al contrario, se practica sentado cómodamente. Esta práctica trata de liberar a su cuerpo de las limitaciones a través del esfuerzo correcto, ya que trabaja de manera directa por medio de la mente. Uno se sienta, observa su mente y la libera de las distracciones. Uno calla los pensamientos que trascienden. La meta es internarse en un estado irreflexivo, en el cual sólo exista un estado unificado, libre de dualidad.

El *raja yoga* también sirve para desarrollar cuatro virtudes; la primera es la cordialidad que usted siente hacia sus iguales. La segunda es la compasión que manifiesta hacia las personas menos

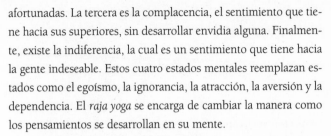

afortunadas. La tercera es la complacencia, el sentimiento que tiene hacia sus superiores, sin desarrollar envidia alguna. Finalmente, existe la indiferencia, la cual es un sentimiento que tiene hacia la gente indeseable. Estos cuatro estados mentales reemplazan estados como el egoísmo, la ignorancia, la atracción, la aversión y la dependencia. El *raja yoga* se encarga de cambiar la manera como los pensamientos se desarrollan en su mente.

El *karma yoga* es el yoga del trabajo. Se encarga de desarrollar la vitalidad al permitirle absorberla por completo. Es encontrar la corriente y quedarse en ella. Para las personas que no encuentran satisfacción en la vida diaria, el *karma yoga* ofrece otra opción para obtener el cambio. Usted prueba diferentes rutas de trabajo, hasta que finalmente encuentra algo que es tan satisfactorio, que lo hace despertar día con día deseando lograr aún más, y se retira a descansar por la noche, satisfecho de haber hecho lo mejor.

El *bhakti yoga* es el yoga del amor. La persona que lo practica se muestra alegre y feliz con los que ama. La fuerza de este tipo de yoga consiste en ayudar a perseverar a través de grandes dificultades, ya que su objetivo es el amor. En última instancia, el enfoque es el amor a Dios, aunque también amamos otras cosas y personas. En mi opinión, el *bhakti yoga* lo conduce a la maravillosa certeza de que Dios también lo ama. Residir en el amor significa no contemplar alguna duda, sufrimiento o conflicto.

Todas las formas de yoga comparten los elementos de la respiración apropiada, la postura apropiada, los pensamientos apropiados y las acciones apropiadas. Cada una enfatiza en uno de estos elementos para lograr el balance con las demás personas. Cada una de las formas se acerca de cierto modo a la meditación (en la postura, en el pensamiento, en el trabajo o en el amor).

El objetivo de la meditación en yoga puede ser diferente, pero los resultados son sorprendentemente similares.

Yantra

Un *yantra* es una representación gráfica que permite que nuestro enfoque y nuestra concentración resulten más profundos. Uno de los *yantras* más conocidos es el *sri yantra*. Este patrón de triángulos dentro de un marco de círculos y pétalos de *lotus* ayuda a enfocar la vista y por lo tanto la mente. Los *yantras* se componen de figuras geométricas y no incluyen letras o figuras de deidades.

El *yantra* es una forma especial de *mandala*. La forma más simple de esta última consiste de un círculo. La mayoría de las *mandalas* de alguna manera definen el centro. Algunas poseen complejas representaciones de Buda u otras figuras religiosas. Muchas dividen el círculo para representar las cuatro direcciones primarias o las direcciones secundarias.

Figura 6. El *sri yantra*

Las pinturas tibetanas son representaciones complejas del mundo y se basan en una simple *mandala*. Estas pinturas (*thankas*) son *yantras* de diferente estilo. Las iglesias católicas incorporan los principios de la *mandala* dentro de su arte. Muchas ventanas de vidrio soplado son diseños circulares, y muchas cruces contienen un componente circular. Todos éstos son *yantras* u objetos para la meditación.

Ejercicio 20
Enfocando su atención visual

Busque alguna fotografía u objeto que le guste. No necesita ser de connotación religiosa. Puede utilizar el retrato de una maestra o de alguien conocido. Sin embargo, sería más fácil optar por algo que sea menos personal. A mí me gusta utilizar elementos naturales como flores, o diseños que obviamente son *mandalas* (círculos con centros definidos).

1. Coloque el objeto que ha elegido en un lugar en donde podrá verlo cuando esté sentado.
2. Siéntese cómodo.
3. Respire profundamente y establezca un patrón de respiración confortable.
4. Enfoque su atención y su visión en el objeto que ha seleccionado.
5. Si su atención divaga, regrese a su punto de enfoque.
6. Continúe por cinco o 10 minutos.

Observe que al enfocar su mirada, su mente divaga con naturalidad. Cuando regresa al objeto, comienza a darse cuenta de cada detalle y un significado más profundo dentro de éste. Puede ser que, de alguna manera, la curiosidad sobre su naturaleza se despierte. ¿Qué más ha observado acerca de la experiencia?

Mantra

Siempre pienso en la meditación como una actividad silenciosa. Después de todo, está diseñada para aquietar la mente, y la quietud va de la mano con el silencio. Sin embargo, ambas tradiciones, la oriental y la occidental, incluyen el sonido como un componente de la meditación. El mantra (similar a una oración o encanto) es una frase o un verso cuidadosamente creado, que puede ser repetido para generar o recordar un estado particular de la mente. Aquí encontrará algunos ejemplos de mantras que han resultado efectivos en mi vida.

- Dios te salve, María, el Señor es contigo.
- Bendita eres entre todas las mujeres, y bendito sea el fruto de tu vientre, Jesús. Santa María, madre de Dios, ruega por nosotros, los pecadores, ahora y en la hora de nuestra muerte. Amén.
- *Mara, mara, remara, relajara, mah divah.*
- *Om mani padme hum.*
- Dios y yo somos uno, uno somos Dios y yo.

Como podrá notar, la manera de utilizar el lenguaje es importante. Esto significa que las palabras se tienen que colocar de un modo en particular. Por lo general los mejores mantras son los que son repetidos por mucha gente, muchas veces. Que se conectan con el universo —la Mente Universal— de una forma significativa. Estos mantras son fáciles de recordar y tienen un sonido y ritmo placenteros.

Ejercicio 21
Recitando un mantra

Elija uno de los mantras que mencioné o alguno que haya encontrado y que le guste.

1. Siéntese en su postura preferida de meditación.
2. Respire profundamente un par de veces.
3. Empiece a recitar su mantra. Continúe durante cinco o 10 minutos.

Sienta cómo su atención se tornó más profunda, al repetir las palabras. Perciba la facilidad con la que se olvida de las preocupaciones del día, sin importar qué tan serias hayan sido. Note cómo la paz ha comenzado a ocupar su mente. ¿Qué otras cosas ha podido distinguir?

Visualización

Visualización en un sentido general incluye la mayoría, si no es que todos nuestros esfuerzos creativos. Visualizamos un pastel mientras mezclamos los ingredientes, y visualizamos una audiencia aplaudiendo cuando creamos un discurso; nos visualizamos teniendo éxito de diferentes maneras, cuando llevamos a cabo nuestras diarias actividades.

De la misma manera, desafortunadamente podemos caer en diferentes patrones de visualización de fracasos. Saboteamos nuestros propios esfuerzos aún antes de comenzar, al imaginar resultados negativos. Desconfiamos en nuestra capacidad creativa, y dudamos antes de tomar nuestras decisiones. En seguida encontrará un ejercicio de meditación, que ha sido diseñado a ayudar a detener los patrones mentales destructivos.

Ejercicio 22
Visualizando el cambio

1. Elija los pensamientos que sepa que le resultan negativos.
2. Tome su postura de meditación.
3. Respire profundamente varias veces.
4. Ahora, piense en sus pensamientos negativos. Visualícelos, escúchelos y sienta lo que es encontrarse en ese espacio.
5. Piense en cómo cambiar una palabra, un color, un sonido, una cosa acerca de dichos pensamientos. El cambio puede ser cualquiera que usted desee realizar.
6. Ahora considere los pensamientos con el cambio que ha realizado. Deje que su mente siga cualquier curso que desee tomar.
7. Escriba sus sentimientos después de que haya llevado a cabo el ejercicio.

Observe cómo cambiar un elemento de dichos pensamientos resultó en el cambio. Esta no es una curación milagrosa para los pensamientos negativos, cualquier modificación en dichos pensamientos le permitirá tomar una dirección más positiva. Compare lo que escribió antes y después del ejercicio de meditación. Identifique el cambio en su manera de sentir.

Debido a que ha podido practicar la meditación por algún tiempo, al llegar a esta página del libro seguramente ha desarrollado alguna afinidad con el estado mental que puede alcanzar por medio de la meditación. Ahora puede introducir cualquier problema en su escenario, con la expectativa de que podrá modificar la percepción de dicho problema, simplemente por medio de la meditación. Piense como si se tratara de una taza de café: el color de la infusión es casi negro. Añada un poco de crema y propiciará un cambio drástico. Lo negro desaparece, para ser re-emplazado por algo diferente. Agite y escuche el sonido familiar de la cuchara en la taza. La imagen visual, el sonido y aun el aroma contribuyen a cierto sentimiento. Resolver los problemas resulta en algo similar, una vez que haya aprendido a meditar.

Resumen

Al terminar este capítulo, se dará cuenta de que no existe una manera de meditar, una forma de practicar el yoga, un mantra o una imagen que funcione para todas las personas. La meditación es una práctica individual.

El siguiente capítulo introduce algunas prácticas básicas de meditación del *yoga kundalini*.

MEDITACIÓN
KUNDALINI

Realmente el yoga kundalini significa estar consciente.
Estar consciente es una definida relación con el infinito.
Esta consciencia duerme en usted y únicamente usted
experimenta su propia capacidad hasta su límite. Pero
cuando se extiende hacia el infinito, usted sigue siendo
usted. Ese estado no carece de nada.

M .S. S. Gurucharan Singh Khalsa, comp.,
Guía para el kundalini yoga/sadhana

L a energía *kundalini* se encuentra dentro de nuestro cuerpo.
Su estado activo o de movimiento se representa por una dei-
dad femenina, mientras que el estado pasivo o estático muestra
una representación masculina. Al trabajar con estos dos estados
de energía —estático y de movimiento— usted eleva su nivel de
consciencia a través de siete *chakras* y hacia un octavo más, en el
cual, de acuerdo con algunos maestros de *kundalini*, trasciende a diferentes impulsos de diversas clases, y experimenta la Divinidad.

En el plano psicológico, los *chakras* son puntos donde los
nervios convergen. Estos lugares en el cuerpo también se consideran el centro de la energía emocional, mental y espiritual. La tabla 1 muestra los *chakras* con sus nombres en sánscrito.

El *yoga kundalini* y la meditación han sido diseñados para ele-
var nuestra consciencia de una manera específica. Ambos atraen
su energía a través de la espina dorsal comenzando en el coxis,

hacia la parte superior de la espina, hasta la cabeza. Aunque se sabe que el movimiento espontáneo de la energía *kundalini* puede ocurrir, el yoga y la meditación ofrecen el ambiente perfecto para su evolución. Al principio, la corriente de energía puede parecer poderosa, extraña y hasta alarmante. La meditación y el yoga proveen la estructura y la disciplina a una experiencia que, de otra manera, resultaría caótica.

Tabla 1. Chakras

Nombre	Sánscrito	Localización	Sistema alterno
Raíz	Mooladhara	Base del coxis	Supervivencia; eliminación elemento terrestre
Abdomen	Swadhisthana	Pelvis	Sexualidad y procreación; elemento acuático
Ombligo o plexo solar	Manipura	Ombligo	Poder para el bien o el mal; balance; elemento de fuego
Corazón	Anahata	Corazón, pulmones	Capacidad de servir, entender y amar; elemento del aire
Garganta	Vishuddhi	Paladar, tiroides, garganta	Capacidad de afectar a otros con palabras; elemento etéreo
Tercer ojo	Ajna	Frente	Glándula pituitaria (manas en sánscrito); energía luminosa
Coronilla	Sahasrara	Corona de la cabeza	Glándula pineal, puerta de la percepción; elemento Dios

El *yoga kundalini* enfoca la práctica de la meditación a través de técnicas de respiración específicas, y por medio de *kriyas* o conjuntos de ejercicios. Estos ejercicios normalmente incluyen *asanas* (posiciones sentadas especiales) y *mudras* (posiciones de las manos). También adoptan movimientos diseñados para estimular partes específicas de la anatomía. Los mantras se dicen en voz alta, o mentalmente mientras se ejecutan los *kriyas*.

El mantra principal en el *yoga kundalini* es "Sat nam". Cantamos "sat" en cuatro compases y "nam" en un solo compás y tres descansos. *Sat* significa "verdad," y se refiere a la realidad de la existencia. *Nam* significa "nombre" o "identidad," y tiene que ver con la vibración que crea la cosa que nombra. Este mantra se utiliza en una variedad de *kriyas*, pero su intención es el atraer su mente a la compresión del Creador.

Ejercicio 23
Sat kriya

1. *Sat kriya* es uno de los ejercicios *kundalini* más simples. Consta de una posición, un *mudra* y un mantra. Cuando intente este ejercicio por primera vez, se dará cuenta de que no puede continuar durante tres minutos seguidos. Gradualmente podrá aumentar el tiempo a 30 minutos.

2. Siéntese en cuclillas o utilice un banquito. Estire los brazos sobre su cabeza, para que sus codos estén cerca de sus orejas.

3. Doble sus manos, con el pulgar derecho sobre el izquierdo. Estire sus índices apuntando hacia arriba.

4. Empiece a cantar "Sat nam" ("sat" en cuatro compases y "nam" en un compás con tres al final). En "sat" empuje su ombligo hacia su espina. En "nam" relaje su estómago.

5. Continúe durante tres minutos.

6. Inhale y apriete los músculos de su espalda, desde los glúteos hasta el cuello.

7. Permita mentalmente que la energía continúe hasta la punta del cráneo.

Relaje su cuerpo boca arriba durante seis minutos (o por 12 minutos mientras practica el ejercicio).

Este ejercicio suena muy simple, utiliza una postura sencilla. Sin embargo, es importante el tratar de realizarlo sólo durante tres minutos al comenzar, y posteriormente aumentar el tiempo de manera gradual hasta completar 31 minutos. Esto se debe a que el movimiento de energía que usted experimenta necesita ser integrado a pasos pequeños para que se convierta en parte de su consciencia. Al mismo tiempo, sus manos y sus brazos llegarán a cansarse, a menos que sea muy fuerte. Quizá sus piernas y sus pies puedan entumecerse cuando intente esta postura por primera vez. La siguiente es una afirmación acerca de los resultados que puede esperar.

Durante la meditación, usted limpia su subconsciente de miedos y libera nuevas reservas de consciencia y energía que lo habrán de guiar. Al enfrentar cada temor y observarlo neutralmente, el miedo pierde el poder sobre su persona. Se convierte en alguien más flexible y se siente más libre.[1]

Ejercicio 24
Meditación *sat nam*

1. Ésta es otra práctica *kundalini* básica que puede integrarse dentro de su propio programa de meditación. Y consta también de una sola postura, un *mudra* y un mantra.

2. Siéntese cruzando las piernas en una posición relajada. Si le resulta incómodo al principio, puede apoyar sus rodillas en dos cojines, para eliminar la tensión en las articulaciones.

3. Junte las palmas de sus manos y toque su esternón con los dedos pulgares. Las manos deben estar muy cerca del pecho.

4. Cierre los ojos y concéntrese en su sueño. Si realiza esto de una forma apropiada, se dará cuenta de que resulta prácticamente imposible tener un pensamiento negativo.

5. Inhale profundamente y concéntrese en su respiración.

6. Al exhalar, diga el mantra principal. Al pronunciar la palabra *sat* cuente siete compases, y la palabra *nam* cuente uno. Durante la cuenta para "sat," sienta cómo la energía se eleva dentro de usted, empezando en la base de la espina e irradiando hacia arriba a través de su cuerpo. (Véase la tabla 1 para información de los siete centros).

Continúe durante 15 minutos. Este ejercicio puede incrementarse hasta 31.5 minutos o más cada día.

Se cree que dicha meditación cambia los patrones habituales del pensamiento. En gran parte es el mantra el que logra el cambio, pero la respiración y la postura le permite sentir un movimiento de energía en su cuerpo, así como en su mente. Esta meditación abre la mente a nuevas experiencias, y resulta excelente para comenzar con otras meditaciones.

El *yoga kundalini*, como lo enseña el *yogi* Bhajan, es también un programa riguroso de ejercicios y un sistema de meditación. Muchas posturas y movimientos representarán un reto para usted, aunque posea fortaleza. Los dos ejercicios que aquí se incluyen son básicos, y tal vez le tome un poco de tiempo para mantener-los por el lapso que se sugiere.

Me he dado cuenta de que con la mayoría de las meditacio-nes de movimiento, usted tiene que concentrarse primero en el movimiento para asegurarse de que lo está haciendo adecuada-mente. Lo mismo sucede con cualquiera de los procesos de respi-ración involucrados. Las posturas, los movimientos, las respira-ciones y los mantras no son accidentales. Todo se ha conjuntado para adquirir propósitos específicos. Al desarrollar destreza en el ejercicio, descubrirá que su mente también adquiere el ritmo. No-tará que se distrae menos, y que la calma entra en el proceso, aunque esté haciendo *kriyas* más extenuantes.

Si necesita más información acerca del *kundalini*, el libro de Ravindra Kumar, *Kundalini for Beginners (Kundalini para principian-tes)* le ofrece una visión autoritaria a la filosofía de este sistema, al que a veces se le llama "el camino más cercano a Dios".

Los dos ejercicios siguientes se describen como parte de *kri-yas* más extensos, pero se pueden usar independientes con buen resultado, o como parte de su meditación diaria. Ambos toman unos cuantos minutos, pero no son convenientes para ser ejecu-tados en situaciones públicas.

Ejercicio 25
Meditación para la digestión y para reforzar su aura

1. Si se practica con regularidad, esta meditación ayuda a re-solver problemas digestivos. También afirma los brazos y remagnetiza el aura. En un corto periodo recibirá una ener-gía placentera. Es importante descansar unos minutos des-pués de realizar el ejercicio.

2. Siéntese cómodamente con las piernas cruzadas en posi-ción para meditar. Si lo hace en una silla, asegúrese de que

la parte de atrás de ésta no interfiera con el movimiento de sus brazos. En vez de eso, también puede utilizar un banco para esta meditación.

3. Empiece por estirar los brazos hacia enfrente con las palmas separadas y hacia adentro, a una distancia de 15 centímetros una de otra.

4. Inhale y acerque sus brazos hacia los lados y hacia atrás, estirándolos uno hacia el otro detrás de su cuerpo. Los pulgares continúan apuntando hacia arriba.

5. Exhale y ponga sus brazos en la primera posición, justo enfrente de usted.

6. Continúe durante tres minutos. La respiración debe ser profunda y fuerte, y no muy rápida. Se siente como un movimiento de bombeo.

Descanse por algunos minutos sentándose o acostándose sobre su espalda.

Probablemente dicho ejercicio resulte extenuante la primera vez que lo haga, creerá que tres minutos es demasiado tiempo. Puede tratar de hacerlo poco a poco, pero algunas personas se sienten un poco mareadas después de realizarlo, por lo que el periodo de descanso es esencial.

Ejercicio 26
Meditación de la risa

1. Para probar un método distinto de ligereza, esta simple meditación es un buen comienzo. Es a veces el último paso en un *kriya* de diferentes posiciones, y puede utilizarse para terminar sus sesiones de meditación.

2. Acuéstese boca arriba, con las manos los sus costados.

3. Abra la boca y comience a reír con intensidad. Utilice el diafragma para empujar la risa hacia afuera. Continúe durante un minuto.

4. Relájese durante un minuto.

5. Repita este proceso.

Relájese por unos minutos. Este ejercicio ayuda a circular la energía a través del cuerpo. ¡También le brindará alegría!

Resumen

Cuando se practica de manera constante, el *yoga kundalini* aumenta la fuerza física, la flexibilidad y la relajación mental, Al concentrarse en los movimientos y en los mantras, usted puede reducir la "conversación" superflua y enfocarse en patrones que le ayudarán a elevarse a un nuevo nivel de consciencia, como se ha comprobado.

Los siguientes dos capítulos van más allá del movimiento involucrado en los ejercicios de yoga, al considerar ejercicios como caminar, correr y el desempeño atlético. Esto demuestra que la meditación no se limita a estar sentado en un cojín, y que puede desarrollarse en un sinnúmero de actividades.

MEDITACIÓN
CANINANDO

En general, un movimiento hacia la izquierda
indica un movimiento hacia lo inconsciente,
mientras que un movimiento hacia la derecha (en
el sentido del reloj) significa lo consciente.

CARL G. JUNG, *Simbolismo del mandala*

En muchas culturas la meditación caminando es parte de sus prácticas espirituales. Algunas veces la caminata está orientada hacia una destinación física, como en pos de la visión de los indios norteamericanos o las caminatas de los aborígenes australianos. En ambos casos, caminar conduce a los individuos a un lugar diferente —física y espiritualmente—. Otro ejemplo es el laberinto, en donde uno da una vuelta y otra, hasta llegar al punto central.

En otros casos, caminar en realidad no lo transporta hacia una distancia lejana, o de cierto modo no lo conduce a algún lugar en particular. Un ejemplo son las veredas cuadradas y circulares que se encuentran en torno de los pozos en los monasterios, donde los monjes caminan alrededor en el espacio central. En este sentido, las veredas son bien conocidas, sin embargo, no conducen a destino alguno.

Transitar alrededor del patio dentro de un monasterio ofrece un ambiente definido para la meditación caminando. La familiaridad del espacio nos permite internarnos en nosotros mismos, sin miedo a encontrarnos con obstáculos o pérdida del equilibrio.

Nuestros ojos se encuentran abiertos para darnos cuenta de la dirección que tomamos, pero nuestra atención puede tener un enfoque primario en cualquier otro lugar. Es posible que se sumerja en la paz que se asocia con el espacio.

Otro ejemplo de este tipo de meditación es caminar sin destino; deambulando, consciente de sus alrededores.

Ejercicio 27
Meditación caminando I

1. Encuentre un lugar, ya sea adentro o afuera, donde pueda caminar en círculo. Camine sobre la misma línea alrededor, cada vez que haga este ejercicio.
2. Comience a caminar en dirección opuesta a las manecillas del reloj, a una velocidad que le resulte cómoda. Respire con naturalidad. Ésta es la dirección de muchas pistas de carreras. Camine durante cinco minutos, enfocando su vista en el camino, pero percatándose al mismo tiempo de las cosas que lo rodean.
3. Descanse fuera del círculo en el que ha estado caminando, durante un momento.
4. Ahora camine por el mismo sendero, esta vez en el sentido de las manecillas del reloj, durante cinco minutos.
5. ¿Qué es lo que observa al caminar en diferentes direcciones? ¿Qué dirección le resulta más cómoda? ¿Cuál le presenta el mayor reto?

Quizá pueda realizar este ejercicio a distintas horas del día, cuando la luz se filtre en diferentes ángulos.

La meditación caminando le ayuda a aclarar su mente de las conversaciones, de una manera diferente que la práctica más estática. La idea es que se dé cuenta de las cosas que encuentra durante su caminata. Al adoptar este estilo, hallará a su paso toda clase de cosas interesantes que permanecen en el ambiente y que usted nunca había notado. La belleza de las pequeñas flores, los rumores del entorno y las inmensas diferencias que existen entre las hojas, las plantas y los árboles, todo se vuelve más aparente. Algunas veces se sentirá más conectado con el mundo físico, a través de su atención. Es posible que experimente sentimientos de compasión hacia sus alrededores.

Cuando me encuentro en mi espacio meditativo, se me ocurre levantar basuritas que disminuyen la belleza o dañan el ambiente. Piense en las señales que se ven en la carretera que dicen que existe un cierto negocio que se encarga de limpiar los siguientes dos o tres kilómetros. Las personas que lo hacen, tienen que prestar mucha atención a su esfuerzo de limpieza. Durante este proceso, también descubren toda clase de flora y fauna que no habían visto antes. Cuando mira detenidamente lo que está fuera de lugar, de inmediato notará lo que está en su lugar.

Ejercicio 28
Meditación caminando II

1. Este ejercicio se ejecuta mejor durante un día que no sea ni muy caliente ni muy frío. Es mejor hacerlo durante la mañana o en la noche. Quizá necesite usar lentes oscuros si el sol es demasiado brillante.

2. Encuentre un lugar que le resulte familiar, pero al mismo tiempo que no visite con frecuencia. Puede ser un parque, una vereda o un sitio cercano.

3. Comience su caminata de 10 o 15 minutos sin pensar en una ruta precisa a la cual dirigirse. Usted no tiene un des-

tino específico. Camine a una velocidad moderada. Puede sostener con facilidad una conversación, pero como se encuentra solo, eso no sucederá.

4. Observe la naturaleza y perciba los sonidos que lo rodean. Note las plantas y los animales en su trayecto. Deténgase a observar los alrededores mientras camina.

Laberintos

Caminar por un laberinto es una experiencia diferente. Se trata de seguir una ruta determinada que, dentro de sí misma, da vueltas y hace círculos —las vueltas se determinan en el diseño del laberinto—. Usted camina en círculos, se acerca y se aleja del centro varias veces antes de que pueda alcanzar su meta. Sigue caminos en la dirección de las manecillas del reloj, y en contra, con giros hacia la derecha y hacia la izquierda. La meditación en el laberinto está concebida para ponerlo en contacto con sus propios pensamientos y sentimientos.

A muchas personas este tipo de meditación no les brinda calma, en especial al principio. Puede existir frustración al caminar el laberinto. El diseño está en el suelo. Puede ver el centro, sin embargo, se alejará de éste una y otra vez. Es como si fuera el camino psicológico hacia un todo. Se encuentra cerca de sentirse usted mismo, pero se aleja de esa posibilidad al toparse con otra falla en su manera de pensar. De hecho, se sorprenderá cuando se ubique en el centro del laberinto.

En el laberinto, el camino siempre es el mismo. Usted dará vuelta hacia la izquierda hacia la derecha, según sea el caso, para arribar al centro del laberinto. Mientras se fija en la ruta que ha de seguir, dicho proceso le ayuda a olvidarse de los problemas del día. Esta meditación lo conduce por completo hacia el presente.

Aun después de que haya caminado por el mismo lugar muchas veces, siempre le será posible descubrir algo nuevo acerca de usted o del camino que sigue.

Figura 7. Laberinto circular

En términos psicológicos, nunca encontrará el centro preciso de su ser. Puede que adquiera familiaridad con su ambiente, y de cierto modo aprenderá a mantenerse cerca del centro. Podrá resolver sus distracciones psíquicas y acercarse hacia el centro con más facilidad a través del tiempo.

La meditación del laberinto circular es diferente de su contraparte en forma de cuadrado. Como mencioné con anterioridad, el laberinto circular posee un camino hacia el centro que atraviesa los cuatro cuartos de un círculo, y a veces, hasta de un cuadrado. El laberinto de forma cuadrada, por ejemplo, cuenta con caminos ciegos y puede presentar intersecciones. Existen diferentes soluciones para el laberinto cuadrado, mientras que el circular presenta solamente una. Un laberinto cuadrado puede convertirse en uno circular —aunque parezca imposible—, si usted sigue un camino definido a través de éste, como, por ejemplo, dando siempre una vuelta a la derecha.

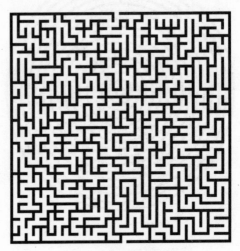

Figura 8. Laberinto cuadrado

Resumen

La meditación caminando tiene sus ventajas y desventajas. Si decide caminar afuera el clima es un factor primordial. La concentración puede tornarse difícil si, por ejemplo, siente mucho calor, mucho frío, o si está mojado. Sin embargo, una ventaja es que usted no se sentirá incómodo al permanecer sentado en una sola posición. Otra ventaja es que caminar es un ejercicio que le ayudará a mantenerse en forma, al mismo tiempo que practica la meditación. Por supuesto que la meditación al estar sentado ofrece otros beneficios para su salud. (Véase el capítulo 15, "Meditación curativa", en el que encontrará más detalles acerca de las bondades de la meditación para la salud).

El siguiente capítulo cubre diferentes aspectos del desempeño de actividades atléticas, como correr o caminar. Exploraremos cómo la meditación beneficia el desempeño de las actividades físicas, y le mostraré cómo dicho desempeño puede convertirse en un proceso de meditación.

DESEMPEÑO ATLÉTICO
Y ACTIVIDADES DIVERSAS

> Parte importante de mi atracción hacia la actividad
> de correr es su cualidad meditativa (el proceso calmado de
> quietud y profundo pensamiento que la carrera de distancia
> nos ofrece). No sólo me gusta la excitación física, sino
> también el alivio emocional que este ejercicio produce.
>
> JACINE HARRINGTON, *La belleza del yoga*

Muchos atletas hablan acerca de la excitación que sienten después de una gran actuación. Podemos contemplar las miradas estáticas en sus caras, que van mucho más allá de la alegría de competir y ganar. Nos damos cuenta de la euforia que demuestran en medio del dolor de las pruebas de fuerza y resistencia a las que se someten. Existen algunos atletas que parece que nacieron para practicar cualquier deporte que escojan; aprenden casi de inmediato y su carrera siempre resulta exitosa. Disfrutamos las habilidades musicales de cantantes que empezaron cuando eran pequeños, y que continúan con éxito aun en su mayoría de edad. Es sorprendente el profundo entendimiento de los científicos o matemáticos, y nos preguntamos cómo puede una persona desarrollar ciertas teorías y cómo fueron capaces de pensar en algo semejante, que cambiará por siempre nuestras vidas. Muchos de estos ejemplos de éxitos naturales pueden atribuirse a una forma de meditación.

El increíble atleta Jim Thorpe nos brinda un ejemplo del papel que juega la meditación dentro del éxito natural en la vida de las personas. Nacido en 1887, Thorpe inició su educación en una escuela indoamericana en 1904. Jugó futbol americano, pero su verdadera vocación era el atletismo. Un día, al estar limpiando la basura junto a una pista de carreras, preguntó si podía tratar de ejecutar un salto de altura. La barra se hallaba a un metro y medio de altura. Aún sin calentar, Jim ejecutó el salto sin ningún problema.

Thorpe también era un corredor de distancia innato. Ganó el pentatlón y el decatlón en los Juegos Olímpicos de 1912. Antes de participar en las olimpiadas, pitchó para un equipo de beisbol durante dos años, y una vez más, jugó futbol americano.

Según se sabe, Thorpe solamente tenía que observar a alguien en alguna actividad deportiva para aprender a ejecutarla con destreza. Tenía el firme deseo de poner a prueba sus habilidades y competir contra otros atletas. Al final, su habilidad prevaleció. Su método, estoy casi segura, incluía la práctica de la meditación. Jim podía observar una disciplina atlética, pensar en qué consistía y después hacerla mejor que el competidor entrenado para dicha competencia. A esta habilidad se le llama *atención al descubierto*. Thorpe era capaz de eliminar todas las distracciones dentro de su mente y las que lo rodeaban, concentrarse en el preciso esfuerzo requerido y después duplicar el esfuerzo.

Al igual que Jim Thorpe, Mozart también poseía la habilidad de utilizar la atención al descubierto. Escuchaba una pieza de música una sola vez, y era capaz de escribir las notas, o inmediatamente tocar la música y adornar la melodía.

Algunas personas pueden recordar palabra por palabra algún texto después de haberlo leído. Otras escuchan una canción y pueden cantarla sin cometer errores. Muchos más tenemos por lo menos algún interés que captura tanto nuestra atención, que no escuchamos lo que está sucediendo a nuestro alrededor. Observamos esta clase de atención en los niños cuando juegan.

A través de la práctica de la meditación podemos desarrollar la capacidad que requiere la atención al descubierto. Al concentrarnos en nuestra respiración o en algún objeto para meditar, al cantar mantras, y al practicar, cultivamos esta habilidad. Practicando la meditación con regularidad aprenderemos a internarnos en este estado mental con mayor facilidad. Aún durante periodos estresantes, es posible olvidarnos de las distracciones mientras estamos sentados, totalmente concentrados básicamente en la nada.

Para aumentar nuestras habilidades llevamos nuestro estado mental relajado cuando desarrollamos una actividad, sin distraernos. Al observar a Marion Jones prepararse para una carrera, usted notará que ella ejecuta un ritual justo antes de comenzar a correr. Se podrá dar cuenta de esto solamente si la carrera se repite. Marion mece su cuerpo mientras se prepara mentalmente para la competencia. Se quita su ropa de calentamiento. Frota los músculos de sus piernas y retuerce su cuerpo. Hace exactamente la misma rutina cada vez. Mientras se concentra, mira la cinta que marca las líneas para los diferentes corredores y, muy despacio, baja la cabeza. Según parece, todos los comienzos de sus carreras podrían ser repeticiones. Esta preparación física y mental es una forma de meditación.

Dicha preparación puede lograrse dentro de la mente, aunque no vaya a ejecutar ejercicio alguno. Pensar en un determinado reto ofrece gran preparación para cualquier tipo de actividad. Cuando emulamos la mentalidad de Jim Thorpe o Marion Jones añadimos una nueva dimensión a un nivel que previamente hemos logrado. Cualquiera que sea la actividad que desarrolle —trabajo, juego o relajación— una concentración más completa le ayudará a obtener una mejor experiencia. Algunas personas dicen que "se les va el tiempo volando". Esto es señal de que se han deshecho de su ego y permitido que su concentración domine la situación.

Ejercicio 29
Práctica para mejorar sus habilidades

1. Antes de que comience a meditar, piense en la actividad que está por realizar. Recuerde cómo ha practicado y lo que su maestra le ha enseñado.
2. Siéntese cómodamente.
3. Empiece a respirar despacio y profundamente.
4. Visualice su actividad como si otra persona la estuviera realizando. Observe los detalles de la actividad. Trate de identificar el balance en el cuerpo y la mente de dicha persona.
5. Ahora visualice la actividad como si la estuviera desarrollando y mírela desde su propia perspectiva. Si está tocando el piano, visualice sus manos sobre el teclado. Si está en un campo atlético, visualice la escena como si usted estuviera allí. Visualice cómo se acerca al piano o a la línea de salida, así como también la misma actividad.
6. Experimente la sensación de su cuerpo mientras realiza la actividad. Note cómo se siente estar perfectamente balanceado en cuerpo y alma, a través del desarrollo de toda la actividad. Perciba la calidad emocional del desarrollo de la actividad.

7. Si experimenta alguna pérdida de concentración, quizá necesite repetir esa parte de la actividad. ¿Sabe por qué perdió la concentración?

8. Ahora, revise el desarrollo de la actividad imaginando que lo está haciendo a la perfección. Imagine que está actuando desde un centro apacible, dejando escapar la correcta cantidad de energía física, mental, emocional y hasta espiritual, para alcanzar el perfecto desarrollo de la actividad.

9. Ahora visualice cómo responde al desarrollo de su práctica.

Termine su meditación.

El perfecto desarrollo de este ejercicio puede representar un esfuerzo considerable. Así como tiene limitaciones para el desarrollo de sus actividades, la meditación en sí puede estar llena de distracciones. Mientras más concentración pueda lograr al practicarla, mejor será el desarrollo de la actividad que realice.

Los pasos a seguir se han mantenido tan simples como ha sido posible. Puede añadir otros pasos, si su actividad es complicada. Recuerde visualizar la actividad desde los dos puntos de vista —observe a alguien durante el desarrollo perfecto de esta actividad y después imagine como si fuera usted el que la desarrolla, mirándola a través de sus ojos, escuchándola con sus oídos, y así sucesivamente. Existe una razón por la que hacemos esto. Aprendemos al observar a otras personas, o al escuchar cómo realizan sus actividades—. También aprendemos a través de la práctica. Cuando llega el momento de una actuación perfecta, habrá integrado lo que ha visto con lo que realiza, y el balance de la actuación se encontrará dentro de su propio cuerpo, donde pertenece.

Ejecución como meditación

Ahora cambiemos los papeles y observemos la ejecución como meditación. En cuanto la ejecución alcanza la perfección, ésta se convierte en una experiencia increíble.

Usted ofrece todo lo que tiene —cuerpo, alma y espíritu— dentro de la ejecución, y esto lo conducirá al nivel más alto de experiencia.

Con el objetivo de obtener una buena ejecución, debe internarse en un espacio en el que nada más exista. Lo anterior no significa que otras cosas no tienen importancia, sino que simplemente no existen para usted en ese momento.

Prevalece una enorme calma en medio de todo el esfuerzo que realiza. En lugar de que su ejecución sea algo que desempeña fuera de su rutina diaria —un evento— es algo que forma parte de su ser. Al desarrollar una profunda concentración, puede eliminar todas las distracciones durante la duración de la actividad. La razón por la que trató de alcanzar esta meta ya no tiene importancia. La audiencia ya no es importante. Sólo se encuentra usted, realizando la actividad. Aun sus competidores pierden importancia en ese momento. Cuando termina, sabe que ha brindado lo mejor de su ser.

Ejercicio 30
Ofreciendo lo mejor de su persona

Hágalo. Todo el tiempo, todos los días, en todo momento.

Resumen

Pienso que, de hecho, todos hacemos lo mejor que podemos todo el tiempo. Después de todo, ¿por qué habríamos de hacer lo contrario? ¿Pensaríamos en hacer lo mejor posible, y después haríamos otra cosa? Probablemente no. La meditación es una práctica que nos ayuda a identificar mejores alternativas en nuestra vida. Asimismo contribuye a aclarar nuestra conducta mental repetitiva, aunque ésta no es útil. Dicha conducta es reemplazada con relajación física, claridad mental y calma emocional, en la cual podrían ocurrir acertadas decisiones.

El siguiente capítulo trata acerca de los sueños, una fuente de información que proviene de nuestro interior y un tema muy apropiado para la práctica de la meditación.

MEDITACIÓN
EN SUEÑOS

*Todos soñamos todas las noches. Soñar es una actividad
casi tan familiar como comer o caminar; sin embargo,
nuestros sueños nos mistifican... [Su] sueño es suyo,
y de nadie más. Por lo mismo, su sueño es para
que usted lo interprete.*

STEPHANIE CLEMENT, *Sueños: trabajo interactivo*

La meditación puede ser una magnífica adición al trabajo de
los sueños. El mundo de los sueños nos ofrece amplia información acerca de nuestra vida y de nuestra conexión con el
universo. Al explorar sus sueños, usted se conecta directamente
con su espíritu interno (una de las metas de la meditación). Puede
enlazar el mundo de sus sueños a su mundo consciente a través
de prácticas específicas de meditación.

A continuación menciono tres diferentes caminos hacia la
meditación que lo guiará hacia un gran entendimiento de sus
sueños:

1. Puede utilizar la meditación para regresar a su sueño a
   terminar una acción o ganar entendimiento.
2. Puede entrar de nuevo en el sueño y ahí convertirse en un
   personaje o cualquier imagen. La experiencia resultante podría revelarle importantes conexiones con su vida
   diaria.

3. Si existe un mensaje específico que recibió en un sueño
—algo que se dijo y que reflejó la voz de su consciencia—
puede utilizarlo como mantra en la práctica de su meditación.

Es útil escribir sus sueños, para poder trabajar con ellos. A continuación menciono algunas sugerencias acerca de cómo escribir
sus sueños, las cuales se pueden encontrar en mi libro *Sueños:
trabajo interactivo*:

- Coloque una libreta y un bolígrafo cerca de su cama, para
que no tenga que buscarlos cuando los necesite.
- Escriba el sueño exactamente como ocurrió. Debido a que
los detalles desaparecen durante las siguientes horas o minutos después de que despertó, es esencial que lo anote de
manera inmediata.
- Redacte el sueño sin agregar comentarios o editar sus notas. Conviértase en un experto observador de sus experiencias oníricas. No las analice mientras escribe, ni edite el
contenido aunque le parezca poco apropiado. De la misma
manera, no se obsesione con cada pequeño detalle, como
formas o colores. Simplemente escriba lugares, personajes
e incidencias.
- Permita que el espíritu del sueño le brinde las palabras que
lo describen.

Describa todos los sueños como si estuvieran sucediendo en el
presente, ya que eso facilita adentrarse una vez más en ellos y
recordarlos con mayor exactitud.

Después de que haya escrito su sueño, puede regresar y agregar cualquier detalle adicional que recuerde. El primer borrador

puede parecerse a uno de los trabajos que hizo en la escuela, con pequeñas inserciones de información, palabras tachadas y escritura irregular.

Ejercicio 31
Regresando al sueño

1. Existen varias maneras de regresar a un sueño. La siguiente, consiste en intentarlo a través de la meditación, utilizando un registro escrito de su experiencia onírica.

2. Cuando se prepare a meditar, lea el sueño una vez más. Trate de encontrar algo dentro de él que atraiga su atención. Puede ser un personaje, un color, un lugar, un animal, un símbolo o la acción en el sueño. Puede ser lo que tenga mayor sentido dentro del mismo, o lo que parezca estar fuera de lugar.

3. Comience la meditación. Respire despacio pero profundo. Relaje la tensión en su cuerpo.

4. Al respirar hondo, recuerde el elemento del sueño. Concéntrese en él. Perciba cómo se siente usted.

5. Permita que su mente se aproxime al elemento del sueño. Siga los pensamientos que se le presenten acerca de éste. Déjese llevar por el papel de observador en vez de participante, al entrar una vez más en dicho sueño.

   a. Debido a que se encuentra despierto, puede moverse de un lado a otro dentro del sueño. Puede actuar de manera diferente, ya que ahora no está soñando.

   b. Puede terminar el sueño, si es que fue interrumpido. Una vez que se introduzca de nuevo en él, permita que la acción se desarrolle. Piense acerca de lo que desea que suceda.

c. Puede abandonar el sueño. Si le resulta incómodo, déjelo. Siéntese cómodamente durante unos cuantos minutos, ya sea que trate una vez más o simplemente termine su meditación.

6. Es posible que recuerde muchos detalles. Ha regresado al sueño, y de esta manera puede mirar a su alrededor, escuchar y hasta oler los aromas del sueño.

7. Cuando se sienta satisfecho, cuando la acción del sueño se detenga, o cuando haya utilizado todo el tiempo que tiene disponible, puede retirarse de él. Mientras lo hace, muestre respeto hacia cualquier cosa que haya ocurrido.

8. Escriba la nueva información del sueño, cualquier cosa que haya averiguado o cualquier sentimiento que resulte significativo.

Termine su meditación. Deje pasar unos minutos para integrarse una vez más a su rutina diaria.

¿Cuál es la información extra que ha obtenido, bien sea del sueño mismo o de su transcurso? ¿Le ha ayudado la meditación a rememorar su sueño? Recuerde lo que ha funcionado para usted, para que la próxima vez que quiera explorar un sueño, lo utilice. Recuerde también que trabajar con sueños es un proceso ritual y merece su respeto.

Ejercicio 32
Concentrándose en un sueño, una imagen
o una persona específica

1. En el ejercicio anterior, usted utilizó un elemento de su sueño como punto de partida. Ahora se concentrará en una particularidad del mismo y podrá explorarlo. Esta ocasión,

la acción del sueño no se moverá. En vez de eso, usted analizará con detalle el personaje, el símbolo o la imagen.

2. Lea el sueño una vez más, para que recuerde lo que ya sabe sobre la imagen que ha de explorar.

3. Comience su meditación como es costumbre. Respire despacio y profundamente.

4. Mientras se relaja, enfoque su mente en la imagen que desea explorar.

5. Examine todos los detalles que perciba. Recuerde que podrá escuchar al personaje, y que esto le ayudará a explorar los detalles visuales. Quizá vea la imagen con claridad, lo cual le permitirá involucrar a sus demás sentidos.

6. Mientras explora lo que percibe, acérquese y retírese de la imagen. Cambie su punto de vista. ¿Ve la imagen por la parte de atrás o por un lado?

7. Acérquese a la imagen y tóquela, o mézclese con ella. Fíjese en lo que mira, siente o experimenta.

8. Observe cómo cambia la imagen mientras la examina,

9. Perciba cómo sus sentimientos y pensamientos cambian mientras la analiza.

10. Cuando esté satisfecho, retírese de la imagen y del sueño.

11. Escriba sus observaciones.

Termine su meditación.

Con frecuencia luchamos contra sueños difíciles y tratamos de aplicar la lógica para entender sus mensajes. El sueño posee una lógica propia que es sujeta a ser examinada. Al entrar de nuevo en el sueño para actuar con una de sus imágenes o uno de sus personajes puede utilizar sus habilidades para meditar y llegar a la lógica interna y explorarla con mayor profundidad. Al hacerlo, usted

establece una conexión más estrecha entre su consciencia alerta y su mente de sueños. Aun las pesadillas pueden ofrecer información que es posible usar cuando las exploramos de la misma forma.

Ejercicio 33
Recordando el mensaje de un sueño y repitiéndolo como un mantra

Algunos sueños tienen un personaje impresionante —hasta un arcángel— que pronuncia la verdad. Las palabras permanecen en su mente, aunque tal vez usted olvide la manera como llegó a estar en la presencia del mensajero del sueño. Cuando se despierte, descubrirá que puede escribir el mensaje y quizás ésta sea la única parte del sueño que recuerde.

1. En ciertas ocasiones el mensaje del sueño está inmerso dentro del drama de un sueño. Las acciones de todos los personajes parecen apuntar hacia una línea del libreto de la obra, aunque dicho parlamento no parezca tener coherencia con el resto de la trama. De la misma forma, puede que sea totalmente ordinario. Lo extraordinario es que usted recuerda las palabras con mucha claridad. Por lo regular el mensaje es corto y chispeante, como las canciones de los anuncios. Aunque las palabras no parezcan significativas, puede resultarle útil trabajar con ellas en la práctica de su meditación.

2. Lea de nuevo el sueño para recordar las palabras.

3. Comience su meditación.

4. Mientras se relaja y reduce su respiración, empiece a repetir las palabras. Ayuda expresarlas en voz alta, en vez de sólo pensar en ellas.

5. Notará que las palabras aparecen despacio y rítmicamente, o rápido y fuerte.

6. No importa cómo suenen, siga repitiéndolas.

7. Continúe durante varios minutos.

Termine con su meditación.

¿Qué fue lo que notó en las palabras? ¿Cómo se sintió al expresarlas en voz alta una y otra vez? ¿Cambió en algo el ritmo o su significado? ¿Cambiaron en algo? ¿Qué sensaciones afloraron después de utilizar las palabras como un mantra en su meditación?

Ya que trabajar con sueños es un proceso interactivo entre la mente consciente y subconsciente, notará que los sueños que se van presentando están conectados con los que usted trabajó durante su meditación. El personaje de un sueño puede cambiar su apariencia, su vestido o sus conductas. Un símbolo puede presentarse y crecer en dimensiones inesperadas. La acción del sueño puede presentarse en forma diferente en un futuro sueño.

Al escribir sus sueños y trabajar con ellos durante su meditación, usted enriquece la conversación entre su mente consciente y su mente en el sueño. Uno de los resultados es el alineamiento de sus actividades con su espíritu interno al estar despierto. Mientras los dos se mueven paralelamente, usted desarrollará el sentido de seguridad y de profundo propósito. Se dará cuenta de que se encuentra en el curso correcto con mayor frecuencia y que siente las energías dentro de sí con más plenitud.

Llamando a un sueño con la meditación

Una vez que haya establecido una conexión flexible con su mente en la experiencia onírica, puede comenzar a usar los sueños como una tarea regular de estrategia para resolver sus problemas.

Llamar a un sueño puede involucrar el planteamiento de una pregunta específica, o puede ser más general.

Por ejemplo, si está en busca de un nuevo trabajo o una carrera puede llamar a un sueño para que le ayude a aclarar cuál es el mejor ambiente laboral o el mejor lugar para cambiar su residencia, o para saber acerca de las personas con las que trabaja. Preguntas generales derivan en sueños muy evocativos. Es posible que tenga una pregunta precisa como: "¿Qué auto debo comprar?" Su mente puede revelar en el sueño consideraciones ligeras que influirán en sus decisiones.

Ejercicio 34
Llamando a un sueño

1. Piense en su pregunta. Escríbala.
2. Cuando esté listo para irse a dormir, medite por unos cuantos minutos.
3. Empiece su meditación como siempre.
4. Mientras se relaja, formule una pregunta en su mente. Visualice las palabras. Repita la pregunta en voz alta varias veces.

Termine su meditación como siempre.

Cuando se vaya a dormir, recuerde su pregunta una vez más, y después olvídese de ella. Afirme que usted recordará su sueño cuando se despierte.

Soñará, y los sueños que tenga se referirán a su pregunta. Quizá la relación exacta no sea obvia de inmediato. Puede utilizar los ejercicios en este capítulo para entrar de nuevo en los sueños que recuerde, con el fin de aclarar la respuesta. Tal vez necesitará intentarlo durante varias noches para verlos con claridad. Cuando practique esta técnica, notará que las respuestas llegan a usted con mayor facilidad y que enriquece su vida con los símbolos, los personajes y lo que sucede en sus sueños.

Resumen

La meditación tiene que ver con la naturaleza de su consciencia y por tal razón es una maravillosa herramienta que le ayudará a entender sus sueños. Cualquier mensaje que emerja del nivel menos consciente de su mente podrá entenderse con mayor claridad cuando ésta permanezca calmada, y la meditación provee cierto grado de tranquilidad para poder lograrlo. Además, aprenderá a tener acceso a la intuición concerniente a los sueños más directamente a través de la meditación.

El siguiente capítulo introduce el tarot y otros símbolos como objetos para concentrarse en su meditación.

EL TAROT Y OTRAS
MEDITACIONES
ARQUETÍPICAS

*Las imágenes del tarot son simbolismos que le hablan
directamente a la parte inconsciente de su ser, porque el
simbolismo es el lenguaje de lo inconsciente.*

Janina Renée, *El tarot para una nueva generación*

El tarot nos brinda un juego sistemático de expresiones arque-
típicas que pueden ser de mucha utilidad durante la meditación. Si usted está familiarizado con el tarot, seguramente tiene
un juego de cartas favorito que puede utilizar durante su meditación. Si nunca lo ha usado, ésta es la oportunidad para adqui-
rirlo y empezar a explorar una colección maravillosa de imágenes
que reflejan la inteligencia y la experiencia humana. El presente
capítulo explora las diferentes maneras de utilizar el tarot en la
meditación, y sugiere la forma de hurgar cualquier ejemplo que
desee. También incluye sugerencias para emplear la meditación
como ayuda para estudiar el tarot o cualquier otro sistema que
contenga símbolos.

Ejercicio 35
Meditación con una carta

1. Seleccione una carta específica de su tarot o baraje las cartas y escoja una al azar.

2. Coloque la carta en un lugar donde pueda verla fácilmente. Tal vez pueda pararla y recargarla sobre algo.

3. Asegúrese de que ningún reflejo interfiera en su visión.

4. Comience su meditación como acostumbra.

5. Mientras relaja su respiración, concentre su atención en la carta que seleccionó.

6. Explore las imágenes y los colores de la carta.

7. Permita que su ser penetre el mundo de la carta, como lo ha hecho en las meditaciones de los sueños.

8. Haga esto por varios minutos.

Termine su meditación.

Identifique cuál es el tipo de sentimiento que aflora con esta carta. Las cartas pueden provocar diferentes sentimientos y pensamientos en distintas ocasiones, por lo tanto es importante que no tenga ideas fijas acerca de una sola de ellas. Por ejemplo, si ha escogido el emperador para su meditación, a veces podrá identificarse con la solidez de la carta —es una expresión de manifestación en el mundo físico—. En otra oportunidad, podrá darse cuenta de que el emperador parece hablarle como si fuera un aliado poderoso. Una vez más puede parecerle muy ocupado con sus herramientas de trabajo (muy ocupado para lograr cualquier otra cosa).

Mientras medita, permita que la carta y sus imágenes se unan a sus consideraciones del día. La carta parecerá diferente con base en lo que está dentro de su mente. Reflejará si se encuentra sumamente ocupado con sus actividades diarias, o revelará un comportamiento de serenidad que es posible llevar consigo. Si no tiene planes en este día, la carta le sugerirá algún tipo de actividad. También puede llamar su atención acerca de algo determinado que haya olvidado. Quizá sea una señal o una advertencia, o solamente algo que le brinde la pauta de ese día.

Ejercicio 36
Meditación para contestar una pregunta

1. Si tiene una pregunta o un problema específico puede combinar la meditación con el tarot para ayudarse a encontrar la respuesta.
2. Piense por un momento en su pregunta, baraje las cartas y escoja una al azar.
3. Así como en el segundo paso de la meditación anterior, coloque la carta donde pueda verla.
4. Comience su meditación adentrándose en los colores y las imágenes de la carta.
5. Continúe meditando durante algún tiempo.

Termine su meditación.

Este proceso le ayudará a combinar su pregunta con la imagen del tarot que ha seleccionado al azar. Lleve a cabo la meditación, aun cuando parezca que la carta no tiene nada en común con su pregunta. Los siguientes son algunos posibles resultados:

• La carta lo dirige a una pregunta obligada que usted podría haber pasado por alto,
• La carta le proporciona una respuesta inesperada.
• La conjunción de la carta y la pregunta originan una probable solución.
• Como mínimo, su curiosidad natural es guiada hacia la solución del problema y alejada de las preocupaciones.

Ejercicio 37
Buscando una imagen para meditar

1. Cuando una imagen se presenta en la meditación una y otra vez, indica que es poderosa y significativa. Algunas ocasiones no podemos determinar el significado sin algo de ayuda. Si en ciertos momentos obtiene dicha imagen flotando alrededor, el tarot puede ayudarle a determinar su significado.

2. Piense en la imagen que desea comprender.

3. Comience su meditación con unos momentos de relajamiento mediante una respiración acompasada.

4. Ahora revise sus cartas del tarot hasta que encuentre una que se parezca a la imagen de su meditación. Puede ser la misma figura, los mismos símbolos, o solamente los mismos colores. Lo importante es que la carta contenga un significado similar al de la imagen de su meditación.

Usted puede tomar una de las siguientes direcciones: *a*) Utilice la carta como concentración en su meditación y continúe con el proceso, o *b*) examine la carta de manera analítica. Considere cada símbolo y recuerde lo que sabe acerca de éste. Tal vez en otras ocasiones recuerde que esta carta ha aparecido en otras lecturas. Puede investigar la carta o los símbolos.

Este ejercicio le proporciona dos diferentes direcciones mentales para aprender sobre una imagen que ha aparecido repetidamente. Ambas imágenes pueden revelar distintos detalles para su consideración. Quizá desee combinar los métodos con el fin de obtener la mayor información que sea posible. Posteriormente se podrá dar cuenta de que la imagen de la meditación ha cambiado, con la posibilidad de no aparecer de nuevo, o podrá enseñarle de alguna manera que sus esfuerzos han tenido impacto. Poniendo atención de esta manera, usted honra el proceso interno al pasar tiempo tratando de entenderlo.

Estudiando el tarot a través de la meditación

Mientras estudia el tarot o cualquier sistema simbólico, la meditación le facilita integrar sus estudios. Algunas veces nos concentramos en un tema de una manera consciente y posteriormente tenemos que esperar a que la intuición emerja. La meditación nos ofrece un método directo de acceso a la parte inconsciente de nuestra mente intuitiva.

Si ha estudiado el tarot, de seguro tiene más de un juego de cartas y libros e información acerca de su significado. Éstas son herramientas de mucha utilidad que representan figuras humanas, colores y símbolos para cada carta, y discuten sus significados. Cuando utiliza estas cartas, transporta dicha información a su memoria. Los ejercicios en este capítulo le ofrecen diferentes maneras para aplicar las cartas y obtener acceso a la información intuitiva a través de la meditación para complementar sus estudios.

Con el objetivo de estudiar el tarot sistemáticamente, puede enfocar su atención en las cartas de una manera ordenada, en lugar de elegir una al azar. Tal vez quiera meditar mirando la progresión de símbolos y arquetipos de energía de la arcana mayor. Si medita con las cartas en orden, colóquese dentro de esa secuencia y experimentará la profundidad y riqueza de las imágenes de un modo nuevo y progresivo.

Otra manera de llevar a cabo este procedimiento consiste en meditar en la carta número uno de la arcana mayor, junto con los ases de cada uno de los diferentes palos. Estas cinco cartas formarán un juego de símbolos. El mago representa el arcano arquetípico de la expresión de la energía dirigida, y los ases revelan cómo este arquetipo se expresa a través de cada uno de los cuatro elementos. Utilizando la arcana mayor con las cartas de los diferentes palos, usted puede profundizar en el entendimiento de las primeras 10 cartas de aquélla.

Entonces podrá anotar lo que ha aprendido a través de su meditación en las cartas, los factores que ha descubierto en los libros y las lecturas que ha realizado para usted y para otras personas. Así, cuando dichas cartas aparezcan en futuras lecturas, puede referirse a sus anotaciones y también concentrarse en la carta meditando, y de esa manera obtener un significado a través del contexto de sus lecturas.

Otras meditaciones en arquetipos

Estos métodos de meditación pueden ser utilizados para explorar cualquier persona, imagen o sentimiento que dominen la práctica de su meditación. De cualquier manera, no necesitará las cartas del tarot para analizar una imagen. Puede encontrar una fotografía en un libro o utilizar una pieza de música de fondo mientras medita. Puede rodearse de objetos de cierto color que hablen del símbolo o arquetipo que usted explora.

Sea creativo en sus exploraciones. La meditación puede resultar de mucha ayuda para resolver conflictos cuando usted explore los elementos del problema, de la manera en que lo he sugerido. Es verdad que muchas veces el hecho de prestar atención es todo lo que se necesita para obtener respuestas que habrán de ayudarle. El uso de las cartas del tarot o cualquier otra herramienta específica solamente servirá para aumentar su intuición, debido a la organización simbólica en las imágenes. Con estas herramientas, concentrará sus percepciones directamente asociadas con el problema en cuestión.

Resumen

Al realizar estos ejercicios necesitará tomar notas de sus experiencias. Ciertas imágenes tienen el hábito de regresar durante la meditación, durante los sueños o en el mundo en general. Algunas de nuestras experiencias más interesantes incluyen estas repeticiones poco coincidentes. Reconocer las conexiones cobra sentido en la vida y enriquece su experiencia. Las imágenes y los colores pueden fortalecer su capacidad curativa.

El siguiente capítulo explora diferentes métodos curativos utilizando la meditación.

15

MEDITACIÓN
CURATIVA

La curación no significa crear una idea perfecta o un cuerpo perfecto, sino el revelar una idea que ya es perfecta.

ERNEST HOLMES, *La ciencia de la mente*

Practicar la meditación con propósitos curativos puede resultar beneficioso en el plano personal y actuar como complemento o vehículo para ayudar a otras personas. Primero enfocaré la atención en la curación individual. Si usted está cansado, tiene un dolor de cabeza, sus músculos están adoloridos o se encuentra emocionalmente perturbado, puede sanar a través de la concentración y ofreciendo una nueva dirección a su atención. Cuando tuve un accidente automovilístico, el dolor era tremendo debido a que me rompí la mandíbula y sufrí otras heridas. Traté de olvidarme del dolor, lo cual me resultó imposible. Haciendo el siguiente ejercicio, conseguí controlarlo, al punto de no sentir ninguno. Usted ha de pensar que esta meditación es algo tonta, pero le puedo asegurar que funciona extraordinariamente, si puede sobreponer su consciencia y jugar con ella.

Ejercicio 38
Ejercicio para la curación personal

1. Siéntese, recuéstese o descanse en una posición cómoda. Asegúrese de que sus manos y sus brazos descansen sin tensión alguna.

2. Respire profundamente varias veces, descanse sus ojos. Yo me he dado cuenta de que cerrar los ojos resulta de gran ayuda, ya que así es más fácil visualizar.

3. Imagine que su cuerpo es una fábrica con cientos o miles de trabajadores, cada uno dedicándose a sus labores en diferentes turnos. Sienta cómo la energía fluye dentro de usted. Al principio, dolor es todo lo que percibirá, pero continúe respirando despacio, y notará que otras partes existen dentro de su organismo.

4. Visualice a los "obreros" en su "fábrica". Quizá se sorprenda gratamente al encontrar que se divierten o actúan de manera diferente. Tal vez tengan uniformes, o que parezcan glóbulos sanguíneos moviéndose o bailando dentro de su cuerpo. Véalos de la forma en que se le presenten.

5. Al darse cuenta de que es tiempo para el cambio de turno, agradezca a sus obreros por el buen trabajo realizado. Después pídales que recojan sus "herramienta" y que se dirijan al lugar en el que tiene el dolor. Pídales que limpien dicha área con el fin de sanar sus dolencias.

6. Ahora observe simplemente lo que hacen los obreros mientras mantiene una respiración relajada.

7. Agradézcales cuando hayan terminado.

En mis meditaciones, los obreros de mi fábrica normalmente usan escobas y barren los escombros en el lugar donde siento dolor. Al hacerlo, permiten la regeneración de la piel para que ocupe el espacio que le corresponde. Dentro de su meditación, los obreros pueden llevar cintas métricas o cualquier otra herramienta y medir la superficie. Me he dado cuenta de que mis "obreros" son capaces también de eliminar la tensión, deshacerse de un virus que.

me invade y ayudar en la digestión. Son expertos en mantener mi cuerpo saludable —después de todo, ellos viven dentro de él— y no importa cómo los imagine. Lo que importa es la intención mental para que un cambio benéfico se efectúe.

Usted puede modificar esta meditación de acuerdo con sus necesidades. Cada persona tiene sus puntos sensibles y cosas que afectan sus nervios, por lo tanto, su fábrica será diferente a la mía. Este tipo de curación mejora con la práctica. Al principio, quizá usted no pueda detectar ningún cambio drástico. Sin embargo, a través de algunos días, notará una mejoría significativa, tanto en su habilidad para mantener la visualización como en el efecto positivo que ésta tiene.

Curando a otras personas

Existen numerosos métodos espirituales para concentrarse y dirigir la energía curativa hacia otras personas, pero no exploraré a gran profundidad estos métodos. El *reiki*, El toque curativo y la terapia de polaridad son algunos ejemplos de los sistemas que se emplean para entrenar la concentración y la dirección de su energía con el fin de ayudar a otros. El budismo adopta como práctica eliminar el dolor de otras personas y devolver la curación y el amor a su lugar. El aikido está asociado con el método curativo *ki*. (*Ki*, o *ch'i*, es la energía que fluye naturalmente a través del cuerpo saludable.) La acupresión y la acupuntura permiten que un individuo pueda dirigir su energía dentro del cuerpo de otra persona.

Me gustaría presentar la manera de ayudar a otros sin necesidad de tocarlos, y de hecho sin siquiera estar cerca de ellos en términos de espacio. Aun antes de que se encuentre en el caso de ayudar a alguien, usted querrá desarrollar el sentido de sí mismo, y su lugar en el mundo. Un medio para lograrlo es practicar la meditación *ki*.

Ejercicio 39
Meditación *ki*

1. Aprendí este tipo de meditación a través del entrenamiento de aikido. El método comienza cuando se arrodille. En un principio, es difícil de lograr, pero después de un tiempo se dará cuenta de que la postura no es dolorosa. Puede colocar un cojín redondo para arrodillarse y así aliviar el estrés en sus rodillas. Igualmente, notará que sus pies y sus piernas se adormecen, así que tenga cuidado cuando se levante.

2. Use ropa cómoda, que no esté apretada. Durante la clase, portamos uniformes con pantalones flojos como los que se utilizan en las artes marciales.

3. Arrodíllese y acomode sus pies y sus piernas. Esta postura me resultó confortable separando mis rodillas unos cuantos centímetros, y poniendo los dedos de los pies juntos. Si utiliza un cojín, sus pies estarán apartados. Si la posición le resulta difícil, siéntese en una silla con los pies planos sobre el suelo.

4. Pose sus manos sobre sus músculos en una posición cómoda. Su espalda y su cabeza deben estar derechas.

5. *Observe* un punto en el piso, más o menos a medio metro de distancia enfrente de usted.

6. Comience a respirar lentamente hacia adentro y hacia afuera. Cuando lo haga, piense que se interna profundamente dentro de sí mismo. Sienta la profundidad de cada respiración. Observe sus sensaciones —sonidos, sabores,

olores—, lo que sea que esté experimentando dentro de sí mismo.

7. Después de algunos minutos, comience a salir de su cuerpo. Observe a las otras personas en la misma habitación, los sonidos en el edificio, los ruidos del exterior del inmueble. Continúe extendiendo su consciencia, agrandando su esfera de atención.

Después de algunos minutos, regrese dentro de sí. Continúe la meditación yendo de una dirección a otra en unos cuantos minutos.

Rápidamente descubrirá que puede involucrarse dentro de sí mismo cuando se concentre. Aún más sorprendente resulta el hecho de que descubrirá que puede extender su atención al incluir las estrellas y las galaxias, Al principio sentirá cómo cabecea cada vez que se interna y sale de su estado de consciencia. A través de la práctica, podrá seguir su respiración y experimentará una profunda relación con su persona interior y con el universo.

La meditación *ki* le permitirá convertirse en una persona más consciente de sus alrededores y de su propia individualidad. Su práctica es muy útil en las artes marciales, ya que le ayuda a concentrar su mente en el entrenamiento, su relación con su compañero u oponente, y el flujo de energía que se crea entre los dos.

Este tipo de consciencia se obtiene cuando ayuda a otras personas (en definitiva se convierte en usted mismo, y forma parte de un universo más extenso que resulta real). *Kiatsu* es un método de curación a través del contacto, el cual está asociado con aikido. El concepto básico es concentrar y dirigir su energía dentro de la otra persona a través de sus manos o de sus dedos pulgares, manteniendo el balance de sí mismo. La vitalidad que usted produce se utiliza para mover la energía en el cuerpo de la otra persona. Si le interesa indagar más acerca estas técnicas de aprendizaje a través del contacto, podrá encontrar información en la bibliografía de este libro.

Ejercicio 40
Hablando y enviando meditación

1. Aun cuando la base de la meditación resulta un tanto abrumadora para los principiantes, el hecho es que no es difícil de practicar, y es benéfica para todas las personas involucradas. La compasión nos conduce a ayudar a los demás, y cuando hacemos algo por ellos, también nos sentimos complacidos con nosotros mismos. La meta de esta meditación es tomar el sufrimiento de otra persona y brindarle amor y curación. Por ejemplo, si alguien tiene miedo, usted reconocerá este sentimiento y lo hará suyo, y a cambio le brindará amor y confianza a esa persona. Usted lo hará consciente y voluntariamente.

2. Siéntese en una postura cómoda.

3. Comience a respirar despacio y rítmicamente.

4. Al inhalar, imagínese adquiriendo el miedo o el dolor de la otra persona.

5. Al exhalar, imagínese enviando amor y curación.

6. Continúe con esta práctica por varios minutos.

Note cómo al principio se sentirá agitado, pero al continuar experimentará calma y paz. Esta meditación es un acto de compasión hacia otros, y también es un acto de entendimiento hacia usted mismo. Usted reconocerá su propia sensibilidad hacia sus sentimientos y su dolor físico, y también reconocerá lo mismo en otras personas. A través de la voluntad de adquirir, o por lo menos comprender el dolor de otros, usted demuestra poseer una de las mejores cualidades humanas.

El fundamento de las meditaciones en este capítulo y a través de todo el libro es la regla de la energía ilimitada. Al profundizar dentro de su ser y expandirse en un espacio ilimitado, al utilizar su vitalidad para mover y colocar energía en otra persona, o al absorber el sufrimiento de alguien y devolverle amor, usted se dará cuenta de que no existen límites ni barreras. Puede expandirse tan lejos como su mente lo lleve, y podrá también alcanzar el mismo nivel de profundidad dentro de su ser. El flujo de energía que proviene de usted hacia la otra persona, no está de ninguna manera limitado. Si el *ki* fluye, éste es inagotable. Al enviar amor hacia otra persona, ciertamente usted atrae amor hacia sí mismo.

Cuando la curación física es imposible

La vida termina para todos nosotros. Llega el momento en que no existe tratamiento médico para prolongarla. ¿Cómo podemos ayudar a una persona que está a punto de morir?

Elisabeth Kübler-Ross ha dedicado su vida al tema de la muerte y los moribundos. Con su trabajo ha descubierto el increíble regalo del amor que podemos brindar a una persona moribunda. En su libro *La rueda de la vida*, ella menciona las palabras de un monje que dijo: "Cuando usted convive con pacientes y niños que están muriendo, y durante horas concentra su atención en ellos, se encuentra en una de las más elevadas formas de la meditación".[1]

Ejercicio 41
Observando a los adultos

Observe a la gente durante algún tiempo, sin que noten su presencia.

1. Siéntese cómodamente, párese o camine.
2. Concentre su atención en la gente a su alrededor.
3. Fíjese en lo que usted siente mientras observa.

Unas veces de alegría, otras de tristeza y de nuevo de alegría, los pensamientos y los sentimientos indudablemente se presentarán al relacionarse con los enfermos. La atención que se requiere para este tipo de observación es una habilidad que se aprende con el tiempo, así que no se desanime si se distrae con facilidad. Al practicar este tipo de meditación, aprenderá cuáles son las percepciones de la gente que observa y cuáles son sus propios sentimientos y percepciones. Podrá descubrir que al paso del tiempo, usted no se irritará por las acciones de los demás, tan frecuentemente como antes. Se tornará menos exigente con ellos y no se formará juicios estrictos. Su curiosidad saldrá a la luz, al darse cuenta de los sentimientos que las personas experimentan.

En el capítulo 18 hablaremos de nuevo sobre el tema de "profundizar su vida espiritual". Por el momento, simplemente trate de hacer el ejercicio unas cuantas veces y observe cómo funciona.

Curándose con el color

El uso de los colores se ha convertido en una parte esencial de la existencia humana, desde que la gente aprendió a hacer pinturas y colorantes. Aun antes de que esto sucediera, seguramente decoraban utilizando objetos de diferentes colores. El empleo del color en la práctica de la meditación ayuda a mejorar la salud, promueve la curación y modifica las respuestas emocionales.

La importancia espiritual del color prevalece en el arte religioso de diversas culturas. Las iglesias católica romana y episcopal utilizan vestimentas de diferentes colores para las estaciones litúrgicas del año, para fiestas y para servicios específicos. El vidrio soplado adorna muchos templos cristianos. Las flores son escogidas para embellecer los altares, por su color y su calidad espiritual.

Lo mismo podemos decir de otras religiones. Los rituales hindús prescriben ropas de ciertos colores. El arte budista utiliza los colores primarios de una manera determinada. Los indios norteamericanos designan colores específicos para los cuatro puntos cardinales por razones espirituales, y emplean arenas de colores para crear pinturas con el objetivo de aliviar y para otros propósitos. Los ejemplos de los usos espirituales del color son demasiados para nombrarlos todos.

La meditación usando el color puede tener un efecto profundo en la salud física y emocional, y posteriormente tener un efecto positivo en la ayuda de los procesos mentales. Existen dos aproximaciones hacia el empleo de los colores: una utiliza toda la gama cromática para alcanzar el balance, el sustento y la limpieza; la otra, un color específico para promover la concentración y la visualización con un propósito específico.

Ejercicio 42
Meditación del color general curativo

1. Siéntese cómodamente, con los ojos cerrados.
2. Comience a respirar despacio y rítmicamente.
3. Visualice una luz dorada enfrente de usted o sobre su cabeza. Mientras respira, deje que la luz penetre en su interior, o visualice su cuerpo moviéndose hacia la luz, lo que resulte más fácil,
4. Sienta cómo la luz penetra dentro de su ser. Perciba su energía limpiando, extendiendo y desbloqueando cada extre-

midad y cada órgano. Note cómo la luz disuelve los obstáculos al penetrar su cuerpo.

5. Practique este proceso hasta familiarizarse con él.

6. Repita el ejercicio utilizando los colores del arco iris. Puede asociarlos con las *chakras* que mencionamos en el capítulo 10. También puede relacionar los colores de acuerdo
con la forma en que usted los perciba. Generalmente ayuda visualizarlos en el orden en que aparecen en el arco
iris: rojo, anaranjado, amarillo, verde, azul, índigo y violeta.

Cuando haya terminado, visualice una fuente de luz blanca ra-
diante, con un color dorado cubriéndola y penetrando en su ser,
o rodeándolo con un óvalo que se extiende sobre su cabeza y debajo de sus pies.

Probablemente se dará cuenta de que algunos colores son más
fáciles de visualizar que otros. Observe sus sensaciones con cada
uno de ellos. Puede esperar que cada color se sienta diferente.
Enseguida encontrará una lista de las correspondencias que la gente experimenta normalmente entre los colores y los sentimientos
físicos y emocionales.

Rojo

El color rojo se asocia con temperatura elevada y fuego. Al vi-
sualizarse puede aumentar el calor de sus sentimientos y emociones como el enojo y la pasión. El rojo puede fortalecer la sangre e incrementar la circulación, y también se le relaciona con
ese vital líquido y la valentía. El ojo humano es capaz de dis-
cernir cientos de tonos de rojo, y esta capacidad se refleja en las
diferentes metáforas vinculadas con dicho color. Su meditación
en rojo podría invocar tonos desde el anaranjado, el rosa, el rojo

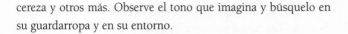

cereza y otros más. Observe el tono que imagina y búsquelo en su guardarropa y en su entorno.

Anaranjado

El anaranjado es un color asociado a la salud. Pienso en las zanahorias y las naranjas, que tienen mucha vitamina A y C. Viene a mi mente la piedra de amatista que al tocar la piel se siente fría aunque haga mucho calor o el clima esté húmedo. Evoco los duraznos, dulces y jugosos, y también los melones. De acuerdo con Bill Stuber, en su libro *Gemas de los rayos de siete colores*, el anaranjado es el color que se utiliza para estimular la vitalidad y la alegría. Ofrece un medio para equilibrar el sistema físico y emocional, y para identificar lo que necesita cambiar con el objeto de mejorar su salud personal.[2]

Amarillo

El amarillo es un color activo. Es la tonalidad del sol, de las flores de verano y del maíz maduro. Es cálido y, sin embargo, no es caliente. El amarillo puede ser más difícil de soportar durante la meditación que otros colores. Esto tal vez se deba a que enfocamos nuestra mente en el amarillo y permitimos que se abra a la grandeza del astro rey; por lo tanto se pierde la concentración. El lado complementario de la meditación en el color amarillo es el potencial de mantenerse firme. Desde una conexión sólida en la tierra usted puede experimentar la grandeza del sol sin daño alguno. En medio del materialismo, el amarillo lo expone al sol, que es la fuente de energía.

Verde

Cuando meditamos en el color verde, la conexión con nuestro interior se intensifica. Nos regocijamos cuando en la primavera todo florece y las plantas nos rodean con diferentes tonalidades de verde. Este color nos estimula para actuar fructíferamente. Es curativo y nos ayuda a aliviar el dolor de la aflicción. También puede profundizar los sentimientos de satisfacción y eliminar factores tóxicos dentro de los niveles físico, mental, emocional y espiritual. La meditación en el verde le puede ayudar a alcanzar grandes éxitos en sus actividades, ya que establece una firme conexión entre la acción consciente y la intención inconsciente.

Azul

El azul es el color del cielo, del espacio. La meditación en azul aumenta su capacidad de raciocinio al aclarar su mente de las distracciones que invaden sus pensamientos. Puede ser que cuando cierra los ojos, el índigo o el violeta sean más fáciles de visualizar que el azul. Sin embargo, tal vez encuentre algo azul para concentrarse con los ojos abiertos. Una vez que haya desarrollado concentración de esta manera, la meditación azul le llegará con mayor facilidad. Algunas personas sienten que el color azul es una ayuda para descansar y dormir, así que no se sorprenda si este tipo de meditación hace que se adormile.

Índigo

El color índigo se asocia con las ondas cerebrales alfa, y con la intuición. Es relativamente fácil visualizarlo con los ojos cerrados. Al respirar profundo y al relajarse aprenderá a evocar sin esfuerzo dicho tono.

Violeta

Se dará cuenta de que cuando medita, particularmente con los ojos cerrados, puede visualizar el color violeta mientras se relaja.

El violeta, como el índigo, por lo regular se percibe cuando las ondas cerebrales alfa están presentes. Esta tonalidad promueve la capacidad de utilizar diferentes partes de su mente. También crea avenidas de comunicación sin el dolor asociado a los surcos mentales y emocionales. El violeta puede aliviar dolores de cabeza y otras molestias físicas.

Blanco

La meditación en luz blanca es una de las más comunes. La luz blanca se asocia con la protección psíquica, y con el alivio y la salud. Para la mayoría de la gente es fácil imaginar la luz blanca con los ojos cerrados. Un punto interesante acerca de dicha luminosidad es que se emplea para la protección y esto se logra al formar una fuerte conexión, y no al eliminar los temores. La luz blanca es un haz de espectro completo; o en otras palabras, integra todos los colores en un solo rayo. Esta meditación estimula la integridad mental y algunas veces moral que hace posible actuar desinteresadamente.

Ejercicio 43
Meditación para la relajación

Para la mayoría, la relajación es un buen punto para empezar a ayudarnos a nosotros mismos o a otras personas. Estamos estresados y tensos, y andamos deprisa por la vida, aparentemente sin tener tiempo sólo para la relajación. Como ya he mencionado con anterioridad, tenemos momentos durante el día en los que podríamos relajarnos si aprendiéramos a hacerlo.

1. En dondequiera que se siente, tome uno o dos minutos de "receso".

2. Respire profundamente. Fíjese en dónde siente la respiración dentro de su cuerpo.

3. Ahora respire de nuevo, pero esta vez atravesando el punto de su respiración anterior.

4. Baje su mirada hacia el suelo, y deje que sus párpados cierren hasta una posición cómoda (tal vez cerrándolos por completo).

5. Relaje hombros, brazos y manos en forma consciente; deje que sus manos descansen sobre sus piernas o en su regazo.

6. Flexione sus músculos, acomode sus pies, o su cuerpo, para que se sienta más cómodo.

7. Continúe con respiraciones profundas.

Tomando una respiración rápida y enfocando sus ojos una vez más, salga de esta breve meditación.

Un par de minutos no será suficiente para deshacerse de todas sus tensiones, pero descubrirá que se halla notablemente menos tenso que antes. Sus ojos y su cara se sentirán más descansados y sus hombros más relajados. Con frecuencia yo noto que mi abdomen y mi estómago se sienten más "centrados" (como el verdadero centro de mi atención).

Al enfocarse en su propia respiración, usted atrae su atención hacia adentro. Aun cuando se encuentre esperando a ser entrevistado para un trabajo, dos minutos de esta meditación lo ayudará a darse mejor cuenta de lo que realmente quiere y necesita. Cualquiera que sea la situación a su alrededor, siempre podrá disponer de dos minutos, aun sí tiene que escaparse al baño para hacerlo. Enfocarse en usted mismo es un estado alterado de consciencia al que puede penetrar a cualquier hora y en cualquier lugar.

Ejercicio 44
Relajación facial

Muchas personas llevan la tensión en su cara. Tal vez por medio de gestos, al rechinar sus dientes o al poner su boca en una determinada posición durante un largo periodo. La tensión puede extenderse hacia el cuello o el cuero cabelludo. Muchos dolores de cabeza son resultado directo de esta clase de tensión.

1. Asegúrese de inhalar completamente y después exhale durante cada uno de los pasos de este ejercicio.
2. Comience su meditación como de costumbre.
3. Respirando profundamente unas cuantas veces, concentre su atención en su cara, en su cabeza y en su cuello.
4. Permita que sus ojos se cierren, y descanse su lengua en el paladar.
5. Mientras exhala, imagine que sus ojos están un poco separados. No utilice sus músculos, sólo imagine que esto está sucediendo.
6. Permita que su quijada se relaje un poco.
7. Imagine que sus cejas descansan en un cojín suave.
8. Imagine de nuevo que sus ojos se encuentran un poco separados.
9. Incline su cabeza hacia atrás y hacia adelante hasta que halle una posición cómoda.
10. Imagine que sus orejas se ubican atrás de su cabeza.
11. Continúe con las respiraciones profundas por algunos minutos.

Termine su meditación.

La mente es una herramienta poderosa. Solamente imaginando un cambio en su cara es posible relajar sus músculos. Si ha

estudiado anatomía, puede practicar esta meditación para músculos específicos o ciertos grupos de éstos. Esta meditación puede
adaptarse a cada parte del cuerpo. Es posible visualizar un color
específico, mientras lleva a cabo cada uno de los pasos. Practique
este ejercicio de relajación para llenar sus necesidades. Descubrirá
que puede realizarlo —o una versión modificada del mismo—
casi en cualquier parte.

Resumen

La meditación curativa requiere práctica. Usted puede lograr resultados con rapidez en algunas áreas, y más despacio en otras.
Todas las prácticas de meditación ayudan a la relajación, un componente básico para su salud. El enfoque en la curación mientras
medita requiere repetición para conseguirlo. Por ejemplo, la primera vez que intente que los "obreros" en su fábrica lo ayuden,
le resultará un poco tonto. Se preguntará todo el tiempo si eso
de verdad funciona. Después de algunas sesiones, sin embargo,
notará que de hecho se siente mejor, aunque el proceso le parezca absurdo. Lo mismo sucede con las meditaciones de color.
Al principio aparentan ser muy fáciles, o casi imposibles. Con la
práctica empezará a sentir los resultados en su propio cuerpo o
podrá verlos en la persona a quien está ayudando. El siguiente
capítulo trata de la importante tarea de encontrar los métodos de
la práctica de la meditación que funcionen mejor para usted.

16

¿QUÉ FUNCIONA MEJOR
PARA USTED?

> Como resultado de no encontrarse enlazado a las
> consecuencias [de la meditación] una persona se puede
> involucrar totalmente en lo que esté haciendo.
> Un resultado sorprendente es cuando la vida
> se transforma en algo interesante y atractivo.
>
> ANÓNIMO, *YOGA KHARMA: UN CAMINO*
> *DE ACCIÓN DESINTERESADA*

Entre los muchos ejercicios presentados en los capítulos anteriores, usted ha encontrado algunos que parecen fáciles, otros imposibles, y unos cuantos que realmente se identifican con su cuerpo y con su mente. Ahora se encuentra cara a cara con decisiones que debe tomar: ¿cuáles meditaciones deben formar parte de mi rutina diaria? ¿Cuáles otras debo simplemente olvidar, por lo menos por ahora? ¿Es posible concentrarse en las meditaciones más sencillas?

Empecemos con la última pregunta. En lo que concierne a la meditación, hacer lo que se presenta fácil y naturalmente tiene un lado positivo y otro menos constructivo. Así como en cualquier empresa seria, cuando comenzamos a practicar la meditación tenemos que iniciar donde nos encontramos. Esto significa que utilizando las meditaciones simples y fáciles es un camino apropiado. Por ejemplo, será más sencillo alargar el tiempo que pasa si lo que hace en ese momento no es demasiado incómodo a nivel físico.

Podrá sentarse en una postura fácil o caminar en un determinado sendero por un periodo más extenso. Esto le permitirá habituarse a pasar más tiempo practicando la meditación.

Al desarrollar la práctica de su meditación de esta manera, puede que no halle el reto definitivo. Como ha leído en estas páginas, existen retos significativos que se presentan durante la meditación, y es al enfrentar dichos desafíos que usted crece y aprende. Sin embargo, tomar un camino más fácil puede no ser lo que más le convenga, al paso del tiempo. Aunque ésta es la mejor manera de comenzar, y una buena forma de construir las bases para desarrollar más consistencia en el futuro.

Algunas meditaciones en este libro han sido concebidas para cumplir propósitos específicos. Es una buena idea experimentar con ellas cuando no se encuentre en medio de un gran reto en su vida, para que sepa cómo hacer la meditación. Por ejemplo, si aprende la práctica de recibir y mandar (capítulo 15) durante un periodo de calma en su vida, podrá adentrarse en esta meditación rápidamente y más fácil aun cuando atraviese por una etapa complicada. Entonces cuando se encuentre con la tarea de ayudar a una persona que esté pasando por un gran dolor físico o espiritual, usted podrá responder espontáneamente con la práctica y no se ahogará en el poder de las reacciones emocionales a su alrededor.

Tomando otro ejemplo, el uso de mantras requiere de práctica. Los mantras pueden parecer trabalenguas cuando se reiteran una y otra vez. Cuando las maestras ofrecen un mantra en otro lenguaje, lo repiten varias veces para que usted pueda escuchar las palabras o las sílabas que lo componen. Entonces hacen que lo repita una y otra vez, hasta que el ritmo de los sonidos se sienta en el cuerpo. De esta manera usted podrá decir que ha aprendido el mantra. Cuando empiece a expresarlo en su práctica de la meditación, quizá deba recordar la situación en la que se hallaba cuando lo aprendió, de modo que le sea posible interpretar el tono y el ritmo adecuados, y tal vez necesite las palabras escritas para ayudarse; pero una vez que lo tenga en su mente, lo externará cuantas veces quiera o lo amerite.

Las meditaciones extremadamente físicas pueden requerir que usted desarrolle mucha fuerza para realizarlas durante el tiempo recomendado. Varias meditaciones *kundalini* complicadas han sido omitidas en este libro, por la sencilla razón de que demandan mucha práctica para perfeccionarlas, y tal vez se necesite una maestra como apoyo. Aun los ejercicios más simples de *kundalini* explicados en el capítulo 10 son extenuantes y ameritan mucha práctica para acumular el tiempo requerido. Si se considera una persona que ha permanecido sedentaria por mucho tiempo, o si se está recuperando de una enfermedad, aun la meditación caminando puede ser una prueba para su fortaleza.

La visualización implica práctica, tanto para generar la imagen en primer lugar, y para sostenerla por un período extenso. Si practica la meditación curativa de color, aprenderá a atraer el tono deseado más fácilmente, y practicará para mantenerlo firme. Más tarde, cuando se presente cualquier situación que requiera curación cromática, usted ya sabrá cómo atraer su gama y podrá sostenerla en su mente con mayor constancia. De esta manera sus esfuerzos curativos resultarán más potentes e intensos. Sin práctica alguna resulta difícil —si no es que imposible— visualizar el color adecuado en un momento de crisis. Su apropiada respuesta emocional hacia dicha situación interferirá en el camino para obtener el alivio.

Distracciones

Ya sea que elija el camino fácil o el camino del reto, probablemente se topará con días en los que pensamientos, imágenes y sentimientos inoportunos se presenten e interfieran con su concentración. Dichas interrupciones simplemente no desaparecerán. Aun cuando haya meditado durante años, habrá momentos en los que no podrá calmar su mente. De alguna manera, éstos ofrecen el mayor potencial de crecimiento. Es durante esas circunstancias que usted se encuentra cara a cara consigo mismo.

¿Ha fallado de alguna manera? Por supuesto que no. Ha crecido a un nivel mental más alto. Ahora está listo para la prueba. ¿Podrá encarar el reto nuevamente? Una parte dentro de su ser —una pequeña voz— dice que usted ya se ha hecho cargo de esa distracción en particular y lo castiga por permitir que de nuevo perturbe su ser. Otra parte —una nueva y fresca voz— dirá que así es como debe ser, unos días son mejores que otros, y de todas maneras es meditación, no una oferta de una sola vez. Usted meditará otra vez mañana, o tal vez hoy, un poco más tarde.

Es de la manera en que encara lo que parece un paso hacia atrás lo que determinará cómo enfrentará el futuro. Su práctica de la meditación le ofrece pequeños retrocesos con el fin de preparar su mente para aceptarlos en otras áreas de su vida. Imagínese, descubrirá que no tiene que permanecer calmado y sereno al frente de la adversidad (puede ser usted mismo durante ese momento), harapiento y andrajoso o como quiera que sea. Puede ser que incluso reaccione por instinto. Lo que ha aprendido es cómo ser usted mismo y cómo aceptar sus propias respuestas.

Una creencia básica en la vida es que todos hacemos lo mejor que podemos la mayor parte del tiempo. ¿Por qué no habría de hacerlo? Imagínese tratando de pasar el tiempo pensando qué es lo mejor que puede hacer, y después hacer lo contrario; es imposible. Es un hecho que muchas acciones —las propias y las de los demás— no parecen del todo buenas. En apariencia están mal hechas, mal informadas o simplemente son estúpidas. ¿Cómo es posible que éstos sean ejemplos de lo mejor que podemos hacer? Esto representa lo que decidimos llevar a cabo en ese momento. Una acción destructiva es una indicación clara de que la actitud de la persona se halla en estado de confusión y sufrimiento. Los motivos detrás de la acción han sido construidos en la base de información errónea.

La meditación lo ayuda a cultivar un espacio —una hora y un lugar— en el cual pueda tomar decisiones. Usted ha trabajado con su cuerpo y su mente a través de la práctica, así que sabe con certeza si se encuentra en el estado mental apropiado para tomar su decisión.

Ejercicio 45
Tomando decisiones

1. Concéntrese en una decisión que necesite tomar. Puede ser tan simple como qué cocinar para la cena, o una determinación que cambiará su vida.
2. Escriba unas cuantas palabras respecto de sus alternativas con el fin de ayudarse a concentrar mientras decide.
3. Ahora empiece con su meditación normal.
4. Mientras respira, notará que los pensamientos sobre su decisión llegan a usted.

Haga esto durante 10 minutos, por lo menos.

Muchos estamos de acuerdo en que 10 minutos no es mucho tiempo para tomar una gran decisión.

Descubrirá que, una vez que entienda las diferentes alternativas, la meditación permitirá que su cuerpo y su mente califiquen las decisiones y le muestren el camino que parece más satisfactorio. Identificará el lugar dentro de su cuerpo que se sienta más cómodo, una vez que tome la decisión, o se dará cuenta de una imagen que se le presenta.

Algunas veces terminará esta meditación y sentirá como si no hubiera hallado la respuesta a su problema. No se preocupe y dedíquese a las labores del día como de costumbre. Después se sentirá sumamente atraído hacia una decisión u otra. El punto aquí es permitir que las diversas alternativas descansen en un lugar calmado que ha sido cultivado dentro de usted, en vez de tomar una decisión en medio de la confusión. Además, nuevas decisiones podrán presentarse durante su meditación. Una vez que haya aprendido esta técnica, se sentirá mejor con gran parte de las decisiones que ha tomado, y no se preocupará más si en algún momento falla en una de ellas por resultar equivocada. Durante el proceso, lo bueno se convierte en cada vez mejor.

Combinando meditaciones

Diversas personas son puritanas. Les gusta practicar una sola cosa y no consideran las alternativas. Esto puede funcionar para algunos de nosotros. Otras personas ven la riqueza que la variedad ofrece y quieren obtener lo mejor de las diferentes técnicas al alcance de la mano. La práctica de la meditación es similar.

Usted puede empezar con una meditación sencilla —la que siempre puede realizar— y convertirla en la piedra angular de su práctica diaria. Comenzar a meditar concentrándose en la respiración es algo que mucha gente encuentra útil, pues se adentra en su cuerpo. Usted se da cuenta exactamente a dónde va su respiración. Se siente usted mismo sentándose o caminando. Sus percepciones se establecen dentro de esa fácil concentración. Éste ha sido un buen comienzo.

Después, puede seleccionar una meditación para un propósito específico. Quizá tenga una obligación que cumplir ese día, o tal vez conozca a alguien que podría beneficiarse con la energía curativa. Probablemente haya tenido un sueño al que puede regresar y terminar la historia. Si presenta cualquier síntoma físico, de seguro existe alguna meditación que lo ayude a obtener alivio.

El tercer elemento de su meditación es retarse a sí mismo, lo cual significaría aumentar su práctica. También crecerá su fuerza si camina durante más tiempo. Su flexibilidad será mayor al sostener una posición de yoga o al estirar sus músculos. Tal vez atraiga su actitud meditativa para levantar pesas o para lograr cualquier actividad física que se proponga. También deberá trabajar en desarrollar una gran compasión hacia alguna persona en su vida. Esta parte de su práctica se refiere a las metas y a cómo obtenerlas. Algunas veces significa sentarse en el problema durante la meditación, y otras, llevar su actitud meditativa hacia el problema.

Un cuarto factor en la meditación es la experiencia de las brechas que se presentan entre los pensamientos y los sentimientos. Usted probablemente se ha dado cuenta de que existen lapsos en los que no piensa en nada. Es un momento en el que su mente permanece en blanco. Dicha brecha revela el espacio ilimitado de la mente. Su ser no está colmado; tiene instantes en los que nada sucede. Durante estos momentos, usted experimenta de una nueva forma, el universo y su propia persona dentro de él.

Quizá nunca podrá sentarse y conscientemente experimentar la referida brecha. Por el contrario, se sienta, medita y cultiva un estado físico y mental relajado. Se prepara para lo que pueda presentarse cada día. Algunas veces será como experimentar un espacio profundo —un vacío— y en otras ocasiones notará la pequeña cortada de papel que se hizo el día anterior. Es dentro de su voluntad de aceptar lo que venga donde usted desarrolla el entendimiento de sí mismo.

Resumen

Lo que mejor funciona para usted, cambiará con el paso del tiempo. Empezará a practicar meditaciones más complicadas y se olvidará de las más sencillas. Recuerde que siempre puede regresar a lo básico. Ha aprendido de la misma manera en que se aprende a caminar, hablar y comer (nunca olvidará lo que ha aprendido). En situaciones difíciles tendrá la oportunidad de retornar a lo simple y a lo familiar, utilizando oraciones, encantos o mantras como ayuda para conectarse con Dios, con la divinidad, con el universo o con la Mente Universal a un nivel de inmensa familiaridad.

Hay suficiente tiempo para lo complicado, y tiempo perfecto para regresar a las prácticas familiares y simples.

El siguiente capítulo nos muestra cómo identificar sus metas para la práctica de la meditación, así como a aprender a determinar cuando no tener metas es también algo que necesitamos hacer.

17

IDENTIFIQUE SUS
METAS PERSONALES

Mirar profundamente requiere de valentía.

THICH NHAT HANH, *El corazón
de las enseñanzas de Budha*

Una vez que haya establecido su práctica de meditación, querrá utilizarla para alcanzar sus metas personales. Cualquier objetivo puede alcanzarse de esta manera, porque emplea su propia mente como un grupo de apoyo, un amigo y un facilitador. La razón por la que la meditación puede ayudarle a fijar y cumplir sus metas obedece a que usted puede alinear el proceso de sus pensamientos y sentimientos conscientes con sus procesos físicos y mentales menos conscientes. Aun cuando no concentre su naturaleza espiritual, se volverá más consciente de la conexión de su cuerpo y de su mente. Con un mayor entendimiento del componente espiritual en su vida, usted desarrollará una herramienta potente para conseguir cambios creativos.

Utilizando la meditación para dejar de fumar
o consumir drogas

Si usted ha decidido dejar de fumar o deshacerse de cualquier adicción a las drogas, ha invertido un tiempo y un esfuerzo considerable pensando en las razones lógicas por las cuales lo debe hacer. Quizás ha tratado de desistirse con cierto grado de éxito, pero ahora se ha dado cuenta de que necesita utilizar todos los recursos necesarios para lograrlo. Puede que haya sido duro consigo mismo cuando reincidió. Se pregunta por qué no puede dejar el vicio y experimenta un dolor tanto físico como espiritual. Es posible que la meditación por sí sola no sea la solución a su adicción. Tal vez necesite tratamiento médico para dejar las drogas, por ejemplo. Es probable que la terapia individual o de grupo lo beneficien. Resulta factible seguir un programa de 12 pasos. Sin embargo, la meditación puede ofrecerle la fuente de determinación y convicción extra que ha estado buscando. Existen diferentes razones por las cuales su práctica le ayudará a romper con el vicio de las drogas o el tabaco.

- *La respiración limpia el cuerpo físico.* Con la meditación usted aprende a respirar profunda y rítmicamente. Al aumentar su práctica de algunos minutos a sesiones más duraderas, usted atrae la energía purificadera dentro de sus pulmones y su sistema circulatorio. Ya sea que se encuentre sentado o haciendo meditación de movimiento, está utilizando lapsos para limpiar las toxinas de su organismo. La respiración profunda expande su capacidad pulmonar para que inhale más aire puro cada vez que respira.

- *Desarrolla una amistad consigo mismo.* En los capítulos anteriores ha leído acerca de cómo desarrollar una amistad consigo mismo a través de la meditación. Ha visto cómo permite que los pensamientos se presenten, y cómo regresar a la concentración. Ha tratado muchos ejercicios que revelan el proceso de su pensamiento, tanto creativo como menos constructivo. Ha aprendido a aceptar estos procesos como parte de su ser. Ha descubierto los colores que enaltecen su estado meditativo, y hasta se ha reído en voz alta durante la meditación.

- *Desarrolla otras mejores alternativas de comportamiento.* La aceptación es un paso vital hacia el dominio de cualquier adicción. El siguiente paso es desarrollar alternativas (otras opciones para un comportamiento que pueda reemplazar el hábito con algo más creativo y saludable). Usted ya ha establecido el simple acto de la respiración como un tipo de comportamiento.

La respiración aclara la mente. Usted la ha utilizado como un método de concentración en la meditación. Puede llevar esta concentración dentro de su vida diaria. En cualquier momento en el que sienta la necesidad de un cigarrillo o alguna otra sustancia, pare y respire profundamente por lo menos tres veces, como lo hace en su meditación. Se dará cuenta de que tres profundas respiraciones son suficientes para deshacerse del ansia momentánea que el hábito le causa. La respiración es un método natural para alimentar su cuerpo y su mente. Las respiraciones profundas expanden el pecho, estiran los músculos que se sienten atrofiados y mejoran nuestra postura. La respiración profunda baja presión arterial al incrementar el oxígeno disponible.

Tres profundas respiraciones le permitirán cambiar su mente de un pensamiento destructivo a uno creativo. Usted interrumpe el patrón de la adicción con esta técnica de respiración. Cada nuevo comportamiento que desarrolle por medio de este ejercicio le brinda otra manera de interrumpir el comportamiento destructivo que busca cambiar. De inmediato tendrá un arsenal para su lucha, y eventualmente no habrá lucha, ya que el conflicto con su enemigo ha llegado a su fin.

Ejercicio 46
Poniendo atención al funcionamiento del hábito

1. Usted debe comprender el funcionamiento de su adicción para tener la capacidad de eliminarla.

2. Comience su meditación como de costumbre.

3. Respire profunda y rítmicamente, y relájese hasta que logre una meditación confortable.

4. Permita que su adicción se convierta en el foco de su atención. Deje que esta última examine cada aspecto de su dependencia nociva. ¿Cómo obtiene la sustancia? ¿Cuándo la utiliza? ¿Cómo se siente en sus manos, en su boca, en su sistema?

5. Recuerde un momento de especial satisfacción cuando consumía drogas o fumaba.

6. Continúe explorando. Observe los factores menos placenteros de la adicción. ¿Existe algún olor desagradable? ¿Se siente débil o con náuseas? ¿Se preocupa por lo cara que es su adicción?

7. Observe el color que experimenta más a menudo cuando consume drogas o fuma. ¿Cuál es la diferencia entre ese tono y los colores que visualiza durante la meditación? Cuando se concentra en el color, ¿distingue algún cambio?

Concéntrese en su respiración por unos minutos y después vea el color nuevamente. ¿Cuál es la diferencia?

La meta de este ejercicio es ayudarle a crear una amistad entre usted y su adicción. Sí, en el pasado la ha visto como se mira a un amigo, pero se ha convertido en una amistad difícil, limitante y dañina. Ahora se transforma en un amigo, en el sentido de que usted entiende el comportamiento adictivo como parte de su vida, y de su ser, y lo acepta como una realidad en lugar de una negación.

Ejercicio 47
Creando nuevos comportamientos

1. Quizás haya identificado nuevos comportamientos que desea aprender y practicar. Si no es así, puede utilizar la meditación para ayudarse a descubrir nuevos métodos que satisfagan las necesidades y los deseos que han formado parte de su adicción. Tal vez quiera elaborar una lista de las razones (o excusas) para su comportamiento adictivo. Tal vez fuma cuando está con sus amigos, o utiliza sustancias adictivas para disminuir algún dolor. Tal vez disfruta el sentimiento de aceleración que le produce alguna droga en particular. Haga otra lista de las desventajas que su comportamiento le proporciona. Quizá gasta todo el dinero que gana o más en la adicción. Se aleja de familiares y amigos debido a su conducta. Causa daño a su salud física y mental. Su tiempo se consume por la adicción, cuando podría estar realizando una actividad más constructiva, más creativa y más divertida. Utilice estas listas en su ejercicio de meditación.

2. Empiece su meditación como acostumbra.

3. Al comenzar a respirar y a concentrar su mente, recuerde los aspectos positivos y negativos de su lista.

4. Concéntrese en cada una de las cosas de su lista. Puede que se presenten en forma de colores, palabras, imágenes o sentimientos físicos. Pida sugerencias para encontrar actividades creativas que reemplacen el comportamiento adictivo. No olvide averiguar acerca de los comportamientos que puede adoptar. Si se concentra en andar con sus

amigos, pida conductas que reemplacen el hábito de fumar u otros hábitos.

5. No deseche las ideas que se presenten. Puede que le parezcan tontas o completamente raras. De cualquier manera son ideas dentro de su consciencia que han alcanzado la superficie. Añádalas a una nueva lista de alternativas. Si surge una idea que está seguro de que no puede realizar debido a limitaciones físicas o de cualquier otra índole, concentre su atención en esa posibilidad y observe cuál es el pensamiento que emerge acerca de cómo modificarla en algo que pueda llevar a cabo. Por ejemplo, no puede viajar a la Luna, pero le es posible visitar el planetario. Muchos de nosotros no podemos realizar ejercicios gimnásticos o cualquier otro deporte, pero somos capaces de hacer yoga o cachar la pelota con nuestros amigos.

Si tiene largas listas de facetas positivas y destructivas referentes a su comportamiento, tal vez pueda considerarlas en distintas sesiones meditativas. Realmente no hay prisa alguna para completar este ejercicio. Puede explorar su comportamiento en un lugar cómodo.

Notara al principio que su comportamiento adictivo se torna en algo peor. Al concentrarse en dicho comportamiento, se encontrará cara a cara con él, por así decirlo. Cuando suceda, tendrá por lo menos dos alternativas. Una es continuar con la adicción. Otra, regresar a su meditación. Incluso más alternativas pueden alcanzar la superficie en este ejercicio. El punto es que las opciones existen. Al trabajar con éste y otros ejercicios, más alternativas se desarrollarán. Cuando sienta la urgencia de la adicción, puede elegir otra cosa para olvidarse de ella.

Mi recomendación no es que se olvide de la alternativa de la adicción. Usted sabe que puede conseguirlo porque lo ha estado haciendo. Le recomiendo que reconozca sus otras alternativas y que enumere los beneficios que le representan. Puede elegir hacer otras cosas con más frecuencia. Eventualmente llegará al punto en el que las otras posibilidades resultan más atractivas que las de la adicción.

Al redactar este ejercicio sentí un dolor en la parte superior de mi pecho. Al principio no lo reconocí. Paré de escribir y me senté en una posición relajante; empecé a respirar profundamente para meditar. Después de unos cuantos minutos, reconocí el dolor. Era el que produce la tos (la constricción muscular que se presenta con la tos del fumador). Casi me olvido de la dolencia, ha pasado tanto tiempo desde que la sentí. Ahora he reemplazado mi adicción al cigarro con la capacidad de respirar libre y profundamente.

Si usted ha tenido un comportamiento adictivo durante largo tiempo, eso es lo que necesitará: tiempo para recuperarse. Muchas adicciones causan tanto síntomas físicos como mentales, así como daño emocional. La meditación puede brindarle un ambiente saludable en el cual le será posible explorar la adicción y el daño que ocasiona. Podrá reemplazar paso a paso los aspectos negativos con aspectos positivos que controlará conscientemente. También puede utilizar la meditación para aliviar los mismos síntomas.

La pérdida de peso y la meditación

Algunas personas han sugerido que comer puede constituir una adicción. Me he dado cuenta de que esta manera de verlo es errónea y no sirve de nada. Una cosa es tratar de recobrarse de una adicción que no es necesaria en la vida, y otra muy diferente es tratar de dejar de comer. Debemos alimentar nuestros cuerpos para permanecer saludables, y eso hacemos con la comida. El problema es elegir la que es saludable para usted e ingerir sólo las cantidades apropiadas. La pérdida de peso depende también de otros factores. Ejercitarse adecuadamente de acuerdo su edad y su estado físico resulta muy útil en cualquier programa para reducir masa corporal. Su dieta diaria debe contener minerales y vitaminas con el objetivo de mantenerse en óptimas condiciones fisiológicas. Incluso es indispensable que su dieta posea la cantidad correcta de grasas para absorber las vitaminas que se disuelven en éstas.

Las alergias a la comida pueden estropear los esfuerzos para perder peso. Esto se debe a que cuando come algo que le provoca esa excesiva respuesta inmunitaria, su cuerpo manda la señal de que necesita algo diferente para contrarrestarla. Puede ser que la reacción alérgica incluya el deseo de ingerir más de alguna sustancia. Tal vez la alergia interfiera con la digestión y la asimilación de los alimentos. Los detalles de estas posibilidades se encuentran más allá del alcance de este libro de meditación. (Para mayor información, consulte con un médico para determinar cómo las alergias pueden afectar su peso y su salud en general. Lea también los libros de Bray y Rivera que menciono en la bibliografía de esta obra.)

Se ha comprobado que el ritmo metabólico puede afectar la manera en que el cuerpo utiliza la energía. El cuerpo está diseñado para conservarla y usarla efectivamente; si su ritmo metabólico es alto, mayor es la cantidad de energía requerida y por lo tanto menor es la cantidad que se almacena. ¿Cómo puede ayudar la meditación a la pérdida de peso? Existen varias maneras:

- La meditación puede ayudarle a concentrarse en una meta para perder peso. Puede alinear una meta consciente con sus metas internas menos conscientes.

- Puede identificar comportamientos alternativos que reemplacen la urgencia de comer, cuando no tenga hambre, o que satisfagan las señales de apetito que usted recibe.

- La meditación de movimiento es una forma de ejercicio. Puede comenzar con movimientos simples durante algunos minutos, hasta llegar a meditaciones de movimiento más largas y complicadas. La meditación caminando también permite el movimiento. Mientras medita durante largos periodos, más camina; así de simple.

- Puede darse cuenta de los diferentes efectos que la comida tiene en su humor, su cuerpo y sus pensamientos. A través de cuidadosas observaciones —una habilidad que se cultiva a través de la meditación— podrá descubrir cuáles alimentos en verdad lo satisfacen, cuáles lo hacen por un corto tiempo y cuáles cubren otras necesidades distintas a la alimentación. Un ejemplo es el deseo de morder y masticar, el cual es factible apaciguar con zanahorias o algún alimento consistente, en vez de papas fritas que poseen un alto contenido de sal y de grasa.

- Usted desarrolla alternativas que satisfacen el hambre mental, emocional y aun espiritual de diferentes maneras en las que la comida no se incluye. La meditación por sí sola ha probado ser muy satisfactoria. Recuerde: usted medita para su propio beneficio, no para el de alguien más. Es tiempo precioso el que pasa consigo mismo. A través de la meditación, descubre otras alternativas.

- Eventualmente aprenderá qué clase de comida evitar. Utilizo la palabra *evitar* porque no tiene que dejar de comerla por completo. La puede probar una que otra vez. También puede comerla en ocasiones especiales.

Muy pronto sabrá cuál es la cantidad que satisface sus deseos. Por ejemplo, probar un poco de chocolate y dejar que se deshaga en la boca puede resultar tan satisfactorio como comerse una barra entera.

Ejercicio 48
Revisando las opciones para meditar

1. En lugar de proponerle un ejercicio específico, quiero que repase los que hemos realizado en este libro. Recuerde los que usted ha practicado. Experimente con los que no.
2. Identifique cuáles ejercicios le resultan fáciles.
3. Analice qué meditaciones lo dejan relajado, descansado y cómodo.
4. Descubra lo que lo agita o lo hace sentir incómodo.
5. Encuentre una meditación de movimiento que se adapte a sus circunstancias, y hágala parte de su rutina diaria.

Encuentre una visualización consistente con su meta de perder peso. Cree una meta intermedia que resulte accesible para el mismo propósito. Recuerde en este capítulo el ejercicio que sugiere que cualquier alternativa que elija debe ser factible de llevarse a cabo.

El objetivo en este caso es desarrollar meditaciones que justifiquen sus metas personales, cualesquiera que sean. La meditación lo ayuda a alinear las metas conscientes con el proceso menos consciente. De esta manera, su persona se dirige por completo hacia la misma meta.

Resumen

Su meditación puede enfocarse en una meta en particular, y meditar de manera consistente le permitirá alcanzar sus metas en todos los ámbitos de su vida. La meditación también puede ayudar en donde no existe ninguna meta. Quizá su vida es un tanto apresurada. De hecho, tal vez haya decidido en un momento dado que la meditación es una pérdida de tiempo; pues ésta puede constituir una actividad que no se orienta hacia ninguna meta. La falta de metas, por así decirlo, es simplemente meditar sin tener expectación alguna.

Hemos visto algunos valores físicos que podemos encontrar en la meditación. El siguiente capítulo aborda la meditación como un factor importante en la vida espiritual.

18

PROFUNDIZANDO EN SU
VIDA ESPIRITUAL

> La verdadera compasión no solamente es una respuesta
> emocional, sino un firme compromiso fundado en
> la razón. Por lo tanto, una actitud verdaderamente
> compasiva hacia las demás personas no cambia, aunque
> éstas se comporten en forma negativa.
>
> DALAI LAMA, *El camino hacia la tranquilidad*

Usted habrá notado que cuando medita, alguien en especial se presenta con frecuencia en sus pensamientos. Puede ser un miembro de la familia, un amigo… cualquier persona que influya en sus sentimientos. Si estos últimos son positivos, naturalmente pasará momentos agradables. Si se trata de lo contrario, puede intentar alejarse de la experiencia. En ambos casos, usted ha sido alejado de la meditación para entrar en un proceso de pensamiento.

Después de examinar sus sentimientos, buenos o malos, se dará cuenta de que es posible regresar a su meditación con mayor facilidad. No es necesario hacer nada si se trata de la persona por quien usted tiene buenos sentimientos. En el caso de alguien que le provoca sentimientos negativos, puede beneficiarse al entender la dinámica de la relación. Algunas personas piensan que el perdón y la compasión son insulsos. Esta meditación ayuda a sustituir un sentimiento más positivo por uno negativo, de manera que sus hábitos mentales cambien positivamente.

Ejercicio 49
Ejercicio de compasión I

Este ejercicio consta de tres partes: una en la que usted sólo está pensando acerca del proceso, otra en la cual se adentra en el mismo, y la tercera donde practica la compasión por cualquier cosa que se le ocurra. La siguiente es la parte primera.

1. Identifique en su mente alguna persona por la que siente enojo o resentimiento.
2. Piense acerca de este individuo y lo que ha ocasionado que se sienta de esa manera.
3. Trate de no juzgar sus sentimientos; solamente obsérvelos. No es divertido, sin embargo, muchos pasamos gran parte del tiempo procesando pensamientos negativos. Ahora usted tiene la oportunidad de cambiar el proceso.
4. Prepárese para meditar.
5. Comience a meditar rítmicamente.
6. Mientras se relaja, imagine algo que se asocie con buenos pensamientos o sentimientos. Puede ser un gran espacio, una flor o un símbolo. Permita que con el tiempo encuentre un símbolo particularmente poderoso.
7. Al concentrarse en este objeto, perciba el sentimiento de calor que lo rodea. Observe los colores que asocia con dicho sentimiento.
8. Ahora piense en el individuo que le causa conflicto. Alterne los pensamientos que manifiesta hacia dicha persona con el objeto que usted eligió y que lo hace sentir bien.

Continúe durante varios minutos.

Observe cómo aparecen sentimientos de bondad dentro de sus pensamientos, ahora que piensa en aquel individuo. Esto puede ser un sentimiento sutil. Al cambiar los pensamientos y los sentimientos nos asociamos con una experiencia, nuestra mente se modifica. Al practicar estas técnicas descubrirá que lo anterior ocurre con mayor simpleza y rapidez. Algunos pensamientos negativos cambian más fácilmente que otros. Unos requieren un compromiso más intenso, otros pueden parecer imposibles de transformarse.

Su Santidad el Dalai Lama compara la meditación con otros procesos de crecimiento: "En el caso de un niño pequeño, éste debe crecer para convertirse en una persona madura, pero el crecimiento tiene lugar con el paso del tiempo. No sucede de repente. De la misma manera, la transformación de la mente requiere de tiempo".[1]

Ejercicio 50
Ejercicio de compasión II

1. Prepárese para meditar.

2. Comience con una respiración rítmica y concentre sus pensamientos en algo por lo que sienta compasión. Quizá un pequeño perro o un gatito que necesite el calor de su amor. Tal vez un amigo o un familiar enfermo que ha solicitado su ayuda. Quizá sienta compasión por los supervivientes de un terremoto. Por lo general, la compasión se asocia con otro ser viviente, pero puede descubrir que la tierra por sí misma es merecedora de sus sentimientos positivos.

3. Concéntrese en el objeto de su compasión por algunos minutos. Considere lo que inspira sus sentimientos acerca de esa persona o cosa.

Continúe durante algunos minutos y permítase descansar en los sentimientos que asocia con pensamientos compasivos.

Note que se siente diferente de alguna manera después de esta breve experiencia. Recuerde cómo juega el gatito y los detalles de su cara. Recuerde que se siente mejor una vez que su amigo enfermo se relaja y finalmente se duerme. Recuerde la pequeña acción que lo hace sentir como si estuviera haciendo lo que puede por el planeta. Pase un poco de tiempo con este sentimiento de compasión para que pueda recordar más fácilmente cómo se siente.

Ejercicio 51
Ejercicio de compasión III

1. Prepárese para meditar nuevamente.
2. Mientras respira, concéntrese en la meditación.
3. Permita que ocurra cualquier pensamiento que tenga.
4. Cuando surja algún pensamiento acerca de cualquier cosa, asócielo con los sentimientos de compasión que posee. Haga esto con cualquier pensamiento o sentimiento que se presente.

Continúe durante 10 minutos o más.

Observe cómo este proceso es diferente de otras experiencias de meditación. ¿Se presentaron muchos pensamientos y sentimientos? ¿Pudo concentrarse en algo durante un largo periodo, al asociar sus pensamientos y sentimientos de compasión con el primer pensamiento? ¿Cómo parece cambiar esta simple incidencia lo que siente acerca de su propio proceso mental?

La capacidad de compasión es inmensa. Usted es capaz de experimentar este sentimiento momento a momento, si lo practica. En ciertas circunstancias, muchos tenemos pensamientos negativos que no necesitamos. Reemplazarlos con algo más positivo nos ayuda y ayuda a la gente de nuestro alrededor. Descubrimos que esta última nos agrada un poco más, y que nosotros también le agradamos. Notamos que apreciamos más nuestras vivencias diarias e intentamos averiguar qué más podemos disfrutar de aquella experiencia.

El Dalai Lama describe el pensamiento compasivo de la siguiente manera:

> Usted debe entender que la afección de la que hablo no tiene propósito alguno, no se brinda con la intención de recibir nada a cambio. No es la intención del sentimiento. De la misma manera decimos que la compasión real no tiene ataduras. Ponga atención a esto, que va contra nuestra manera habitual de pensar. No es ese o aquel caso en particular lo que mueve nuestra lástima. No brindamos compasión a esta persona o la otra por selección. La damos espontáneamente, enteramente, sin esperar nada a cambio. Y la damos universalmente.[2]

Pensando en el individuo que le provoca irritación, observe cómo éste se encuentra entre los objetos potenciales de su compasión. Si se siente incapaz de sentir compasión hacia dicha persona, puede que deba evitarla y cultivar compasión en un lugar más adecuado. Entonces, cuando se tope con esta persona una vez más, descubrirá que los sentimientos de irritación se presentan con menos frecuencia o intensidad. Reconozca que le resulta difícil aceptar a ese individuo. De esta manera usted tiene compasión por sí mismo. Si brinda la compasión espontánea y universalmente, de seguro se incluye también a sí mismo.

En el capítulo 15, "Meditación curativa", se introdujeron los principios de la meditación *ki*, y "recibiendo y mandando meditación". En la meditación *ki* aprendió a expandir su consciencia partiendo de sí mismo, incluyendo el cuarto, el edificio, la vecindad, el planeta, el sistema solar, y hasta el universo entero. También intentó adentrarse profundamente en su ser; experimentó los sonidos, los movimientos y los sentimientos dentro de su cuerpo. Al practicar esta meditación —saliendo y regresando dentro de su ser— se relacionará con el mundo de una manera diferente. En vez de sentirse separado de todo, usted comienza a sentirse unido a todo. Es fácil sentir compasión por las cosas que forman parte de uno mismo.

"Recibiendo y mandando meditación" se basa en la compasión desde el primer momento. El acto de adentrarse en el sufrimiento ajeno es una buena práctica para hacer lo mismo en el propio. Si usted es capaz de introducirse en el sentimiento ajeno, y si encuentra calma y paz al hacerlo, entonces podrá hacer lo mismo por su persona. Al decir: "Reconozco mi dolor en este momento", usted lo encara con claridad. Al enfrentarlo, no lo tendrá que ignorar, para tener que encararlo más tarde. Al afrontar el sufrimiento, no necesariamente eliminamos el dolor, pero nos oponemos a él de una manera diferente.

Recuerdo cuando mi nieta ingirió una medicina que pudo haberle causado un enorme daño. Sus padres rápidamente la llevaron al hospital, en donde comenzaron a atenderla. Parte del tratamiento consistía en tomar muestras de sangre continuamente. Fue una experiencia terrible y dolorosa (pudo haber sido así hasta para un adulto). Su padre, sintiendo la compasión que cualquier persona sentiría, no podía hacer nada para resolver el problema médico. Lo que estuvo en sus manos fue abrazarla y repetir su propio mantra: "¡Auch, auch, cómo duele!" Él compartió la experiencia y la ayudó a sentirse acompañada.

Resumen

No subestime el poder de la compasión y el amor en su vida. Puede que no sea capaz de mover una montaña, pero con amor y compasión será capaz de remover montes de penas fuera de su camino, y también allanar el camino de otros. La compasión vivifica sus experiencias y reemplaza los pensamientos y sentimientos apagados.

Con el objetivo de aumentar su aprendizaje acerca de la compasión, el siguiente capítulo trata de su proceso creativo y cómo convertirse en una persona más creativa.

PLANEANDO SU PROCESO
CREATIVO PERSONAL

Usted recibe mensajes continuos de su mente
subconsciente. Su mente inconsciente es la
fuente de su creatividad personal.

Dawna Markova, *La mente abierta*

Después de haber practicado la meditación por un tiempo, empezará a reconocer algunos patrones en sus procesos mentales. Entre los pensamientos dispersos que se presentan encontrará ciertos grupos que comienzan por revelar no solamente lo que lo distrae de la creatividad, sino también el patrón mismo de creatividad.

El primer tipo de distracciones repetitivas se relaciona con factores determinados con los que usted trata día con día. Tal vez esté intentando concluir la escuela o trabajar en proyectos en los cuales los detalles se le pasan, así que probablemente se encuentre pensando en el problema durante su meditación.

Quizá tenga un problema en sus relaciones que al parecer ocupa su mente de manera constante. Cualquiera que sea la distracción, ésta emerge una y otra vez mientras medita. Lo anterior depende mucho de la situación actual de su vida.

Otro tipo de distracción es la que se origina sin importar su condición actual. Dicho patrón de pensamiento se relaciona con su vida como un todo. A menudo surge únicamente después de que usted ha acallado las distracciones inherentes a su cotidianidad. Esta circunstancia también se asocia a preguntas existenciales. Durante su meditación, continúa pensando en los mismos temas que aborda en las conversaciones con sus amigos, o en momentos privados durante los cuales se cuestiona el significado de la vida. Un ejemplo de este modo de pensar es recordar a la gente que sufre de hambre en África y la asociación con la idea del sufrimiento. Usted siente simpatía, compasión o tal vez profunda preocupación cuando tiene este tipo de pensamientos.

Existen varias maneras de trabajar con sus distracciones, para entender el proceso creativo dentro o detrás de las mismas. Cuando un pensamiento se presenta una y otra vez, usted percibirá la dirección que tiende a seguir. El pensamiento personal acerca de una relación cambiará con el tiempo. Cada vez que tenga este pensamiento, observará sutiles matices que pueden no reflejar los cambios en la relación. Estas transformaciones pueden ser el resultado de su mente tratando de trabajar con creatividad para resolver un problema o para trasladar una relación hacia un nuevo nivel.

Cuando una serie de pensamientos existenciales se presenta, puede que se encuentre siguiendo un camino de desesperación (sentirá que no existe nada que pueda hacer para resolver el problema). Aunque después de un tiempo se dará cuenta de que la desesperación permite recibir pensamientos sobre lo que usted puede hacer. Quizá no pueda resolver el problema de la falta de comida en África, pero puede hablar del asunto, escriba al gobernador de su estado, o algo por el estilo. Puede abrigar pensamientos de compasión por esa gente, y su compasión se extenderá hacia las personas que lo rodean. Continuar con su meditación permite que la segunda parte de sus pensamientos se presente.

Otra cosa que notará es cómo regresar al punto de concentración de su meditación. Descubrirá que retorna a dicho enfoque, unas veces con mayor rapidez que otras. También descubrirá cómo funciona esto. ¿Qué es lo que pasa que le recuerda que debe estar meditando? ¿Es quizá el pequeño calambre en su pierna que le da cuando se sienta por mucho tiempo? ¿Es tal vez que descubre que ha estado conteniendo la respiración? ¿Cuáles son las señales que lo hacen regresar a la concentración? Una vez que las identifique, notará que se presentan con más facilidad. Entonces podrá regresar a su punto de concentración con mayor rapidez.

Otro discernimiento que ocurre se refiere a lo que resulta fácil o difícil. Algunos días, acudir a su espacio de meditación se torna complicado. Se distrae por todo y con todo lo que se topa en el camino. Es importante que vaya al sitio donde medita y que se siente aunque sólo sea por unos minutos.

Muchas veces se encontrará con el reto de enfrentarse con una dificultad durante su meditación. Observe lo que pasa cuando trata de caminar en una dirección difícil. ¿Cómo afecta el problema cuando usted procura convertirlo en el centro de su atención? ¿Qué es lo que parece, cómo se siente o a qué huele? Examine sus atributos detalladamente. Tal vez encuentre que puede hacer amigos con el problema. Es parte de su vida, por lo menos de manera temporal, y usted puede enfrentarlo como si encarara a un amigo, pidiéndole al problema que le hable. De esta forma, usted conoce por qué lo molesta. Dicha información puede ser un aliado creativo y formidable.

Mientras examina las distracciones en su meditación aprenderá a percibir los límites. Para empezar, la meditación posee sus propias limitaciones. Usted ha decidido qué es lo que constituye un lugar accesible para meditar. Por ejemplo, si el espacio se convierte en algo demasiado importante, puede ser que no pueda meditar en otras situaciones. Dicha restricción es como un límite. Se dará cuenta de que cuando realiza meditaciones con colores, algún tono en particular es muy difícil de evocar. Esto representa un límite para su proceso mental. Finalmente, notará que una distracción en particular es implacable.

Cómo percibir las limitaciones o las restricciones en la meditación es un buen indicativo de cómo percibe sus limitaciones en su vida diaria. Tal vez posea una manera característica de pensamiento acerca de los problemas cuando se presenten. Por ejemplo, cuando no obtiene lo que quiere durante una discusión, ¿se pone a pensar que la otra persona es mala con usted, o que está discutiendo sólo por el hecho de discutir? En condiciones normales, tal vez usted ubique el problema en un contexto adecuado, pero ocasionalmente ciertas discusiones le molestan demasiado. Los sentimientos que afloran durante la meditación son básicamente los mismos que usted puede tener en otras actividades.

Cuando piensa en un problema e intenta planear su solución, usted utiliza un proceso mental típico. El mismo proceso ocurre durante la meditación. Cuando se siente y practique, empezará a darse cuenta de cómo es su patrón de pensamientos, y es entonces cuando lo podrá modificar. Al transformar el patrón de su meditación, descubrirá cambios comparables en otras situaciones. Su aproximamiento mental se tornará más calmado y seguro; tal vez no totalmente consistente, pero en general más flexible.

La meditación señala las limitaciones físicas de su cuerpo. Algunas personas nunca podrán sentarse en la posición *lotus* ni por un minuto, mucho menos para meditar durante una hora. Otras encuentran que dicha postura es muy simple, o que su pie se ha dormido, o que un músculo en particular nunca se relaja por completo. Tal vez necesite recobrar la respiración cuando trata aspirar más despacio. Los retos físicos en la vida diaria penetrarán sus típicas distracciones, y esto de alguna manera se reflejará en su meditación.

Todos experimentamos barreras emocionales que hemos construido para protegernos del dolor. Éstas tienden a ser una parte menos consciente de nuestra vida diaria; están ahí, pero no pensamos en ellas. La meditación nos presentará estos obstáculos para consideración. Es importante tratar las respuestas emocionales como tratamos a los amigos. Usted ha cultivado dichas respuestas por razones de seguridad. Han servido a un propósito positivo en su vida. Si ya no parecen positivas, ahora es tiempo de añadir un grupo de respuestas más creativo, para que usted pueda escoger un camino emocional diferente. Guarde la vieja respuesta para ocasiones en las que ésta sea la correcta. Practique nuevas respuestas en su meditación con el fin de que las pueda utilizar en su vida diaria.

Muchos de nosotros no tenemos mucho tiempo libre y por lo tanto no consideramos las situaciones espirituales. La madre de cinco hijos que pasa todo el tiempo alimentando, vistiendo, lavando y haciéndose cargo de su familia. De hecho cualquier distracción, si la seguimos, puede llevarnos a consideraciones espirituales.

Todas las distracciones que aquí se mencionan y más, ofrecen la posibilidad de aceptar sus actitudes y sentimientos. Usted aprende a aceptar los llamados *malos pensamientos* tanto como los *buenos*. Después de todo, sólo son pensamientos. Aprende a clasificarlos y a regresar a su meditación. Aprende a seguirlos (ya sea durante su meditación o en otro momento), a trabajar con ellos, y convirtiéndose en su amigo, volviéndose conscientemente familiar con las actividades mentales que antes eran inconscientes.

Con el conocimiento consciente, se presenta la posibilidad de un cambio creativo. Tome el ejemplo de un problema matemático. Debe entender los componentes del problema para hallar la solución. Al sumar 398 y 144 tiene que comprender lo que significan los números. Entonces puede llegar al resultado.

Muchos problemas de nuestra vida no cuentan con una solución única. A una parte de nosotros le gustaría pensar que existe únicamente una verdadera, perfecta y mejor solución en cada caso, pero así es como la vida trabaja. La meditación ayuda a los procesos creativos para cultivar diferentes respuestas (diferentes maneras para resolver problemas). Usted puede trabajar con un problema, encontrar alternativas para hallar una solución, y después actuar. La frustración y el miedo que acompañan las indecisiones, disminuyen considerablemente cuando usted tiene un método de práctica accesible para el desarrollo de alternativas.

Resumen

En este capítulo hemos considerado diferentes maneras para que usted entienda sus procesos internos únicos, y para descubrir la capacidad creativa dentro de sí mismo. La capacidad para tomar alternativas bien informado es parte del fundamento de su proceso creativo. Las habilidades que desarrolla a través de la meditación son las piedras angulares en las que construirá las habilidades en su vida. Al entender su proceso creativo único, usted se prepara para los altibajos que puedan presentarse en su vida.

El siguiente capítulo trata con la simple tarea de nombrar cosas e ideas, y la manera en que dicha tarea es integral para la meditación.

CLASIFICANDO

Cualquier cosa que esté sujeta a la vista, el oído
y la experiencia […] le tengo un gran aprecio.

HERÁCLITO, *Fragmentos*

Al llegar a este punto en el libro, usted ya ha practicado algunos ejercicios diferentes y ha descubierto algo acerca de lo que le causa distracción en su meditación. Algunos pensamientos específicos o distintos tipos de pensamientos se presentan una y otra vez mientras se concentra en su respiración, en un objeto o en algún movimiento. También ha aprendido sobre las diversas cosas que lo distraen de sus experiencias de la vida diaria.

Probablemente ha descubierto que no puede deshacerse de estos pensamientos y sentimientos cuando se presentan. Llegan sin advertencia. En ocasiones son solamente impresiones vagas. Una manera de tratar estos pensamientos es clasificándolos.

Nombrar es uno de los primeros elementos que aprendemos durante la infancia. Antes de empezar a hablar, aprendimos los nombres de cientos de cosas: las partes del cuerpo, diferentes clases de comida, ropa, los nombres de las personas que nos rodean. Aprendimos palabras al hacer cosas. Los niños entienden claramente lo que se les dice, meses antes de que aprendan a pronunciar las palabras. Les gustan las historias y están dispuestos a escucharlas una y otra vez.

Su meditación es similar. Pensamientos particulares se presentan una y otra vez para que usted los perciba. Usted tiene los mismos sentimientos una y otra vez. Quizá se pregunta de dónde vienen, o tal vez desea que desaparezcan. Pero nunca se detienen.

Así como el niño pequeño se intriga con los nombres de las cosas, usted puede recurrir a su curiosidad para mejorar su proceso de meditación. Cuando se presenta un pensamiento, una imagen o un sentimiento, usted deberá clasificarlo. Al principio tal vez clasifique las distracciones como "pensamientos". Después de todo, el proceso de pensamiento es exactamente lo que está sucediendo. Los pensamientos se presentan.

Al pasar el tiempo practicando las meditaciones que ha elegido, observará que un mismo o similar pensamiento recurre. Cuando note que tiene pensamientos acerca de un mismo problema, por ejemplo, pagar las cuentas, puede clasificar este pensamiento como "pagar cuentas". Si una emoción surge, como la tristeza, puede clasificarla. Si una imagen es recurrente, clasifíquela. Al nombrar sus pensamientos, usted consigue dos cosas: reconoce y honra su proceso de pensamiento, y "ancla" el pensamiento para que resulte menos persistente.

Ejercicio 52
Nombrando los pensamientos

1. Prepárese para meditar de la forma en que usted elija.
2. Tenga a la mano papel y lápiz en caso de que decida anotar algo.
3. Comience su meditación con una respiración rítmica.
4. Observe e identifique sus distracciones.
5. Cuando se distraiga, nombre el tipo de distracción. En vez de regresar a su punto de concentración, clasifique el pensamiento, el sentimiento o la imagen.

Continúe por diez minutos o el tiempo que necesite.

¿Qué observó en el patrón de sus pensamientos? ¿Tiende a distraerse con la misma cosa una y otra vez, o sus distracciones se presentan ocasionalmente? ¿Ha cambiado en algo su meditación desde que empezó el proceso de clasificar sus pensamientos?

Ejercicio 53
Siguiendo los pensamientos

1. Ahora que ha tratado de nombrar los pensamientos durante su meditación, el siguiente paso es seguir cualquier pensamiento que se presente. Esto suena muy fácil, pero notará que el proceso toma caminos interesantes.

2. Prepárese para meditar como de costumbre.

3. Recuerde tener al alcance el papel y el lápiz o la pluma.

4. Empiece su meditación, relájese utilizando el ritmo de su respiración.

5. Cuando se presente un pensamiento, nómbrelo.

6. Entonces, en lugar de regresar a su respiración, siga el pensamiento por algunos minutos. Concéntrese en él. Si se trata de pagar las cuentas, concéntrese en este pensamiento. ¿Cuáles cuentas tiene que pagar? ¿Cuánto dinero necesita? Piense en los pasos que debe seguir para liquidarlas: sacar la chequera, encontrar el estado de cuenta que recibió por correo, determinar el monto a depositar, sellar el sobre, pegar una estampilla, colocar el sobre en el buzón. Trate de considerar todos los detalles acerca del pensamiento, sentimiento o imagen que está siguiendo.

7. Identifique qué otros pensamientos o sentimientos se presentaron mientras se concentraba en este proceso. Clasifíquelos y regrese al proceso en el que se está concentrando.

Haga esto por 10 minutos, o por el tiempo que sea necesario.

¿Qué observó acerca de las distracciones que está siguiendo? ¿Han cambiado de alguna manera sus sentimientos hacia el tema? ¿Pudo concentrarse y explorar todos los factores de la distracción? ¿Sabe lo suficiente para manejar la distracción la siguiente vez que se presente? ¿Qué otro tipo de información necesita sobre el asunto?

El objetivo de estos ejercicios no es que las distracciones desaparezcan, porque no será así. Su propósito es entrenar su mente para pensar en un solo tema, aunque sea algo que quiera evitar. Escogí el rubro de "pagar las cuentas" como un ejemplo porque no es la actividad preferida de la mayoría de la gente. Al mismo tiempo, si somos cuidadosos —si nos concentramos en este proceso y lo hacemos bien— descubriremos que liquidar nuestros adeudos monetarios es una obligación que podemos terminar en unos cuantos minutos. No permitimos que el pensamiento nos moleste más.

Algo similar pasa con los sentimientos. Cuando haya aprendido a concentrar su atención, podrá tratar con cualquier situación que surja en su vida, con el fin de que no tenga preocupaciones que rompan su concentración o su meditación. Al desarrollar esta habilidad, su nivel de confianza aumenta. Usted sabe que es capaz de manejar cualquier sentimiento o situación, en vez de verse abrumado por ellos.

Esta meditación es buena para practicarla una vez a la semana. Al principio puede llevarla a cabo con frecuencia para aprender cómo funciona, y después hacerla solamente cuando quiera solucionar un problema específico.

Resumen

La habilidad de clasificar cosas es fundamental y no pensamos en ella con frecuencia cuando llevamos a cabo nuestras actividades diarias. El primer enfrentamiento que los niños tienen con el lenguaje incluye aprender a asociar sonidos con los nombres de las personas y las cosas, y el lenguaje es el vehículo para registrar un pensamiento abstracto. Al regresar ocasionalmente a esta simple actividad de clasificar, usted retorna a uno de los componentes básicos de la mente. El siguiente capítulo nos enseña el concepto de la simplicidad, para crear un espacio dedicado a la meditación.

CREANDO UN ESPACIO
PARA MEDITAR

> ¡Respira, poema invisible!
> Espacio mundano constantemente puro.
> Altérnese con su propio ser. Equilíbrese,
> En donde rítmicamente existo.
>
> RAINER MARÍA RILKE, *Sonetos a Orfeo*

Al adquirir experiencia con la meditación, quizá desee arreglar un espacio que más o menos sea dedicado para tal propósito. Mucha gente ha notado que es más fácil meditar en un sitio sin mucho ruido ni distracciones. Además, ciertos objetos serán asociados con la meditación y le será más fácil adentrarse en su práctica.

Como mencioné al principio del libro, usted no necesita mucho para empezar a meditar. En general, requiere unos cuantos minutos cada día y la intención de aprender a concentrar y calmar su cuerpo y su alma. Sin embargo, un espacio para meditar le será de gran ayuda. Puede pensar en los lugares que lo conducen a la meditación. Los colores, los muebles, los sonidos, los olores, y hasta la temperatura y la cantidad de luz afectará su habilidad para concentrarse. Enseguida encontrará unas cuantas sugerencias que podrían resultarle útiles.

Un cojín o una silla

Debido a que la comodidad es un factor importante para empezar a meditar, mucha gente necesita poner algo sobre el suelo, por lo menos, y un cojín o una silla para sentarse. Si usted posee la flexibilidad para adoptar la posición de *lotus*, mucho mejor. Si no, sentarse en un cojín firme, un banco o hasta una silla podría funcionar. El asiento debe ser firme y balanceado, para que esté seguro. Cuando se siente, estará utilizando la gravedad para hacerlo de manera cómoda. Si se sienta en una silla, ponga planos ambos pies sobre el suelo. Cualquier cosa que decida llevar a cabo, siéntese con la espalda recta y encuentre una posición balanceada para que no se le dificulte mantener el equilibrio. Si decide meditar acostándose boca arriba, coloque una pequeña almohada o una toalla debajo de su espalda con el fin de aliviar el estrés.

Una mesa o un altar

Si así lo desea, ponga una mesa o un altar en los que sea posible colocar objetos que contengan un significado especial para usted. Si tiene creencias religiosas, puede elegir estatuas de santos, pinturas, o algún otro elemento alusivo para adornar dicho altar. Por lo general, las iglesias, las mezquitas o los templos de cualquier clase están decorados con el fin de ayudar a inspirar ciertos sentimientos y pensamientos; su espacio para meditar debe ser igual. Los altares tradicionales están diseñados para servir como inspiración a gran número de personas. Su altar personal está ahí para ayudarlo solamente en la práctica diaria de su meditación, así que puede arreglarlo como desee.

Cuando creamos un espacio para practicar un ritual, es importante incorporar los cuatro elementos: fuego, tierra, aire y agua. Esto no significa que debe tener velas encendidas, un ventilador o algo específico. Sin embargo, alguna representación de los cuatro elementos lo ayudará a establecer un balance dentro del espacio. Por ejemplo, puede poner unas conchas de mar en vez del agua. Un gong o una campana nos recuerdan que el aire conduce el sonido y que las estatuas y otros objetos nos ofrecen el sentido de la tierra. Quemar incienso transporta el sentido del aire. Encender velas es una manera fácil de incorporar el fuego, pero las velas requieren actuar con precaución para evitar un incendio (cuando se queman o cuando la flama alcanza materiales de combustión).

Las decoraciones en la pared

Las imágenes y las figuras pueden utilizarse para decorar los muros del lugar donde se ubica su altar. Las hay del tamaño de tarjetas postales con figuras de animales o fotografías del campo, hasta pinturas de budistas con las dimensiones de la pared. La idea es inspirar el sentido de lo sagrado.

La meditación puede significar una práctica espiritual para usted, o permanecer como una simple técnica de relajación. De este modo usted puede elegir decorar su espacio para complacer sus gustos. Muchas personas comienzan con decoraciones personales y cambian a diseños más tradicionales. Otras añaden toques propios que convierten la experiencia de la meditación en algo más profundo. En último caso, usted será quien determine cómo arreglar su espacio sagrado.

Debido a que está trabajando con un sitio, el área para meditar, por definición, debe inspirar un sentido de amplitud. Esto no significa que tiene que dedicar un cuarto completo para la meditación, sin embargo, tal vez eso sea lo que desea hacer. Lo anterior realmente significa que tiene que permanecer tan lejos de las paredes como sea posible, para que no se sienta encerrado. El altar debe estar ubicado a una distancia prudente, de modo que el aroma del incienso no resulte muy intenso, y todo el conjunto en sí no constituya una distracción. Cualquier decoración en el altar deberá guardar congruencia con el espacio a utilizar.

Antes de gastar mucho dinero en decoraciones para el referido propósito, tal vez deba desarrollar un poco la práctica de su meditación. Lo que inicialmente parece calmado, en cualquier momento puede tornarse agitado. Las imágenes que en apariencia son deslumbrantes o terribles al principio, se pueden convertir en atractivas cuando pase más tiempo en su espacio para meditar. El arte budista se compone de colores brillantes y toques de metal dorado. Las iglesias orientales se decoran con tonalidades propias de la estación, para recordar a los fieles los ciclos anuales. En decoraciones de las mezquitas podemos hallar diseños muy complicados. Las posibilidades son interminables, y usted tiene mucho tiempo para decidir lo que mejor le funcione. Primero, trate de entender el espacio con el que dispone. Entonces decida cuál es el tipo de muebles que más le conviene.

Considere lo que se encuentra detrás de usted mientras permanece sentado. Se puede sentar enfrente de una pared, o acomodarse en el centro del cuarto. A muchas personas no les gusta dar la espalda a la puerta, tal vez quiera sentarse frente a ésta o en donde le sea posible tenerla a la vista. Lo mismo sucede con las ventanas. Quizá la luz mejore si usted se ubica en una forma determinada. Si medita durante la noche, debe considerar tener la iluminación apropiada para que se sienta a gusto en el espacio, a menos que utilice la oscuridad para un propósito específico.

Si decide decorar de nuevo su espacio para meditar, sea respetuoso con los objetos que retire. Deshágase de ellos en una forma adecuada, guárdelos cuidadosamente, o déselos a alguien que pueda utilizarlos. Al hacer esto, mantendrá su actitud positiva acerca de la meditación y el espacio que ocupa para meditar.

Ejercicio 54
Experimentando con espacios ordinarios

Al ir de un lado a otro en el mundo, preste atención a los sitios en los que se mueve. ¿Cómo se sienten? ¿Son adecuados los sentimientos que experimenta respecto a los propósitos y la funcionalidad de dicho espacio? Si no es así, ¿por qué no? ¿Qué podría cambiar para convertir ese lugar en algo más cómodo? ¿Cómo afecta su meditación y su espacio lo que ha aprendido acerca del mismo?

Ejercicio 55
Experimentando con espacios sagrados

Visite iglesias y lugares de meditación. Camine dentro y fuera de ellos. Observe las formas, los colores y los diferentes adornos. Siéntese quieto por un momento para experimentar el espacio.

Resumen

Aunque muchos sitios para meditación poseen características en común, lo que funcione mejor para usted puede incluir elementos únicos. Su espacio no tiene que ser caro o elegante para ofrecer la atmósfera que conduzca a la meditación. Con la práctica, descubrirá que ciertas cosas lo benefician, como una silla o un cojín cómodos. Otras cosas lo distraen, como una luz demasiado brillante o el volumen alto de la música. Al pasar tiempo en diferentes ambientes de meditación, desarrollará un sentido de lo que funciona para usted, y de acuerdo con esto, podrá entonces decorar su lugar para meditar.

El siguiente capítulo trata acerca el deseo de atraer a su pareja a través de la meditación.

MEDITACIÓN
DEL ALMA GEMELA

¿Cómo podré contener mi alma para que no toque
la tuya?… Todo lo que nos toca, a ti y a mí,
nos conduce a estar juntos…

RAINER MARÍA RILKE, *Interpretaciones*

Muchos de nosotros nos encontramos en la búsqueda de nuestra alma gemela. Queremos tener ese tipo de relación como un amor perfecto y de amistad que haga realidad nuestros sueños, y tal vez nos preguntamos cómo encontrar a la pareja perfecta.

La meditación primeramente explora quién es usted. Si ha hecho algunos de los ejercicios de meditación, ha descubierto, sin lugar a dudas, un poco acerca de su propia mente y de su manera de funcionar. Algunas meditaciones son relajantes, lo ayudan a calmarse y a descansar. Probablemente ha encontrado varias que no quiere ni siquiera tratar de hacer. Ha comenzado la exploración de su persona.

Debido a que hallar una pareja amorosa es una de sus principales metas, es razonable pensar que la meditación le puede ayudar a lograrlo. Este capítulo nos ofrece maneras para utilizar la meditación y descubrir cómo es su pareja perfecta, cómo abrirse a la experiencia de una relación con su alma gemela. En el proceso, se dará cuenta de sus propias debilidades y fortalezas.

Meditación para principiantes

Ejercicio 56
Contemplando su alma gemela ideal

1. Comience su meditación como acostumbra.
2. Mientras respira profunda y relajadamente, piense en su alma gemela.
3. ¿Qué pensamientos lo asaltan mientras mantiene esta idea?
4. Siga estos pensamientos por unos cuantos minutos.
5. Considere cualquier cosa que surja, aun cuando parezca no tener relación con un alma gemela.
6. Continúe durante algunos minutos.

Ahora deténgase y haga algunas anotaciones acerca de lo que ha experimentado. Escriba los símbolos, los colores, los sentimientos... cualquier cosa que haya experimentado. No se preocupe si no tiene sentido.

Sus notas representan información que obtiene de lo más profundo de su ser. Debido a que se mantiene concentrando en la que sería su alma gemela ideal, lo que haya experimentado se relaciona de alguna manera. Muchas cosas no tendrán sentido en este momento, otras lo adquirirán hasta que usted haya conocido a su alma gemela, y otras nunca trascenderán. Aun así, lo ha escrito como parte de este ejercicio, y puede guardar sus notas para referirse a ellas en el futuro.

Puede que desee obtener información muy específica. ¿Cómo es esta persona? ¿Cuál es su profesión? ¿Dónde vive? Considere lo que llegó a usted durante la meditación respecto de cada una de sus preguntas. Algunos detalles empezarán a cobrar sentido.

Entregándose a su alma gemela
Un segundo beneficio de su práctica de la meditación es que usted se muestra más abierto a la posibilidad de ser amado profun-

damente. Después de todo, está examinando su propia mente. Ha reconocido algunas de sus limitaciones y también está aprendiendo a amarse a sí mismo. Al desarrollar esta incondicional consideración hacia su individualidad, ha experimentado el crecimiento de su compasión hacia otras personas. Otros pueden sentir esta expresión de compasión. Ha conseguido que los demás se den cuenta de que usted está abierto a las posibilidades.

Al entregarse a dichas posibilidades, también proyectará el deseo físico en una forma consciente. Tal vez antes haya expresado este deseo, pero ahora es mucho más consciente. Ha podido moderarlo, en lugar de estar totalmente bajo su control. También se ha rendido a él en un tiempo apropiado.

Ejercicio 57
Experimentando el deseo

1. Comience su meditación como de costumbre.
2. Mientras se relaja, concéntrese en cualquier deseo físico que sienta dentro de usted. Tal vez necesite cambiar su posición o rascarse. Permanezca enfocado en el deseo. Permita que su atención se interne en diferentes partes de su cuerpo. Observe dónde se halla el deseo. No se sorprenda si es en su pie o en su hombro. Permanezca abierto a lo que pueda encontrar.
3. Termine su meditación.

Puede que sepa mucho de sus deseos y esta meditación no representará ninguna sorpresa. Quizá se dé cuenta de que el deseo es el toque del aliento en su mano antes de que alguien la bese, o lo que siente cuando alguien está cerca detrás de usted, apoyándolo, o la sensación y el sabor de un pequeño chocolate en su boca.

Algunas cosas que encontrará no necesitan un alma gemela para conseguirlas —después de todo, usted puede poner el chocolate en su boca—, pero ciertas experiencias suyas requerirán de otra persona para tornarse completas. En estos descubrimientos usted aprende lo que puede significar un alma gemela.

Lleve lo que ha aprendido dentro del mundo. Observe a los demás en su vida diaria. Rápidamente notará que algunas personas actúan de manera consistente con lo que usted desea. Otros no están cerca de conseguirlo. Usted aprende cómo identificar a la gente que está cercana a su ideal, y a otros que se hallan tan lejos como les es posible. En vez de depender de otras personas para convencerse de que está en lo correcto, usted busca la "corrección" dentro de sí mismo. Los resultados serán increíbles.

Ejercicio 58
Experimentando con la intimidad

1. Regrese al capítulo 15 y lea de nuevo la sección referente a la meditación *ki*. ¿Recuerda cómo trabajó para adentrarse en sí mismo y se expandió con el propósito de llenar el mayor espacio posible? Después regresó a sí mismo, dentro de sí mismo y salió una vez más. La capacidad de entrar y salir de sí mismo le ayuda a desarrollar el discernimiento de su consciencia. Puede moverse con suavidad del enfoque en sí mismo al enfoque en cosas fuera de su persona. Esta habilidad es esencial en todas las buenas relaciones.

2. Comience su meditación.

3. Mientras respira, empiece el proceso de meditación *ki*.

4. Al abandonar su cuerpo, tome el sentimiento de quién es usted de verdad y llévelo consigo mismo.

5. Mientras expande su consciencia observe cómo se presenta la gente en ella. Puede que sea gente que usted ya conoce, o que va a conocer,

6. Al adentrarse y al salir de sí mismo, observe a las personas que percibe. Note su apariencia física, su comportamiento social y el sentimiento emocional que experimenta cuando permanece junto a ellas.

7. Al regresar dentro de sí mismo lleve a una de estas personas con usted. Observe cómo se siente al tener cerca a esta persona. Si hay otras más en su consciencia, trate de hacer lo mismo con cada una. Descubra cómo cada una se siente diferente, única.

8. Termine su meditación.

Uno de los objetivos de este ejercicio es familiarizarse con sus respuestas. Si ha intentado atraer a alguien que no le cae bien, puede que experimente incomodidad. Si la persona es un buen amigo, tal vez se sienta relajado. Con su alma gemela se sentirá a salvo, con un sentimiento lleno y caluroso. Podrá ver colores ricos y vibrantes. Podrá probar y oler algo que parece familiar. Cualquier sonido resonará profundamente dentro de usted. Se sentirá totalmente vivo.

Al abrirse a la experiencia de la meditación, usted practica el abrirse hacia otra persona. Al conocer gente, puede elegir abrirse un poco para probar sus sensaciones. Puede experimentar el sentimiento "adecuado" en cierto grado, y ciertamente conocerá el sentimiento "inadecuado" cuando lo perciba. De esta forma, podrá conseguir de manera consistente mejores conexiones con la gente que conozca.

Si se encuentra a un nivel de desarrollo espiritual en el que busca un alma gemela, entonces se dará cuenta de que conoce a gente que se halla en niveles similares a los suyos. Si no buscan las mismas cosas, se sentirá rígido e incómodo, o surgirá algún otro sentimiento que identificará como poco aceptable. Lo más interesante es que otras personas estarán en el mismo proceso. Puede que no sean conscientes de lo que hacen, pero también están eligiendo y evaluando.

Cuando se entrega a alguien que se entregue a usted, sentirá cómo fluyen sus sentimientos. Nada de anhelar ser visto, hablado o tocado. No más dudas. Ustedes dos se verán seriamente sorprendidos y complacidos. Quizá transcurra un poco de tiempo antes de que lleguen a juntarse, pero usted se dará cuenta de que ha conocido al alma que resuena dentro de la suya.

Es importante que recuerde que no necesita tener una relación sexual o romántica con su alma gemela. Su madre, sus hijos, o sus hermanos pueden también ser sus almas gemelas. He conocido a una o dos mujeres con las que gritaba a viva voz que "estaba enamorado". Esto no significa que tenga que irme a la cama con cada una, sin embargo, cualquier alma gemela incitará el deseo físico dentro de usted. Yo supe desde el día en que conocí a mi esposo que sería mi amigo y mi maestro de por vida. El romance no apareció sino hasta más adelante. La práctica de la extraversión dentro de la meditación lo ha preparado para estas eventualidades. Podrá admirar a este tipo de individuos sin necesidad de las adulaciones. Cuando la pasión física finalmente llega, se elevará hacia alturas indefinidas.

Resumen

En todas las relaciones usted se beneficiará al ser franco con los demás. Aun cuando nunca encuentre a su alma gemela, cada persona que conozca le parecerá más viva e interesante. Usted estará más presente para ellos también. Al cultivar la compasión y la franqueza empezará a ver a los demás a través de una luz más positiva.

Enseguida consideraremos su relación con la Divinidad, y cómo se beneficia a través de la meditación.

ACERCA DE
LA DIVINIDAD

*En metafísica, reconocemos al espíritu universal
como fuente de inspiración y de todo lo viviente;
algo tan infinito como conocerse a sí
mismo. La mente del ser humano es una
extensión de la mente eterna o el espíritu.*

ERNEST HOLMES, *La ciencia de la mente*

Con este libro ha descubierto muchos potenciales beneficios de la meditación, como mejorar la salud a través del relajamiento y la reducción del estrés. El efecto que tiene al promover la fuerza física y la flexibilidad a través de varios sistemas de meditación en movimiento. La meditación también ayuda a desarrollar el enfoque de nuestra atención. Nos brinda una manera de enriquecer nuestros sueños y nuestro entendimiento de los mismos. La meditación es una actividad que realizamos para nosotros mismos, sin ninguna otra consideración.

Cuando practica la meditación ayuda a silenciar su mente y descansa de la constante conversación que lleva dentro de su ser durante todo el día. Este diálogo se lleva a cabo aun durante sus sueños. Escenarios de los problemas que experimentamos día con día se nos presentan en nuestra mente cuando tratamos de hallarles solución. Frecuentemente estos patrones de pensamientos se convierten en una obsesión. La meditación alivia el estrés, así como también una parte de nuestras dolencias físicas, al silenciar nuestras conversaciones internas. Cuando acallamos nuestra mente, podremos lograr lo siguiente:

1. Apagamos las grabaciones que se repiten, aunque sólo sea de manera temporal.
2. Conseguimos el descanso mental.
3. Reemplazamos nuestra conversación interna al concentrar nuestra atención.

Encontrar la capacidad de enfocar nuestra atención se convierte entonces en una invaluable herramienta a lo largo de nuestra vida. Cuando enfocamos nuestra atención en lo que hacemos durante la meditación, aprendemos a enfocarnos en nuestras tareas diarias y nuestras acciones son más detalladas en cada una de las cosas que realizamos, lo cual significa que nos adentramos en cada actividad con mayor fuerza. Por este motivo, nuestras habilidades crecen y profundizamos aún más en la calidad todas nuestras experiencias.

Además de estos beneficios, la meditación permite que exista un espacio dentro de nuestros pensamientos. Al practicar los diferentes ejercicios de meditación, probablemente ha experimentado dichos espacios y se ha dado cuenta de que algunas veces, durante unos momentos, no existe pensamiento alguno, no hay nada en nuestra mente, sólo un vacío. Estos espacios resultan sorprendentes en un principio. Aunque normalmente no nos percatamos de que constantemente estamos pensando en algo, los procesos mentales siguen trabajando de alguna manera. Cambiamos nuestro enfoque a cada momento, pero el movimiento de nuestra mente, virtualmente es un movimiento continuo. La meditación nos presenta estos espacios mentales como una nueva experiencia.

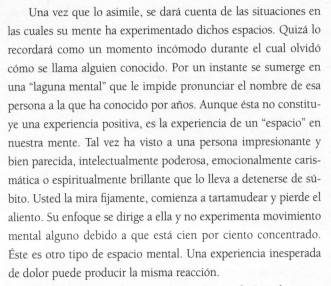

Una vez que lo asimile, se dará cuenta de las situaciones en las cuales su mente ha experimentado dichos espacios. Quizá lo recordará como un momento incómodo durante el cual olvidó cómo se llama alguien conocido. Por un instante se sumerge en una "laguna mental" que le impide pronunciar el nombre de esa persona a la que ha conocido por años. Aunque ésta no constituye una experiencia positiva, es la experiencia de un "espacio" en nuestra mente. Tal vez ha visto a una persona impresionante y bien parecida, intelectualmente poderosa, emocionalmente carismática o espiritualmente brillante que lo lleva a detenerse de súbito. Usted la mira fijamente, comienza a tartamudear y pierde el aliento. Su enfoque se dirige a ella y no experimenta movimiento mental alguno debido a que está cien por ciento concentrado. Éste es otro tipo de espacio mental. Una experiencia inesperada de dolor puede producir la misma reacción.

La meditación produce un espacio espiritual. Cuando un espacio mental ocurre durante la meditación, su mente se encuentra abierta a recibir nueva información. Algunas cosas que emerjan sólo serán información pura, la esperada solución a un problema, el mejor entendimiento respecto de una relación; pero algo que le llegará durante esos momentos es la poderosa inteligencia de naturaleza espiritual. ¿De dónde proviene dicha inteligencia y qué es exactamente?

- *Su propia intuición e intelecto podrán combinarse para resolver una pregunta.* Éste es un proceso exclusivo de su propia mente. La intuición se obstaculiza por la constante conversación que ha vivenciado durante su meditación. Cuando aprenda a acallar su mente, es como si instalara más memoria en su computadora. Mientras más espacio tenga para sus pensamientos, un mejor proceso de síntesis ocurrirá. Al hacer a un lado las conversaciones, o reduciendo el volumen a un tono casi inaudible, podrá utilizar el tiempo de silencio para desarrollar métodos que le ayuden a resolver sus problemas o para tener un momento de creatividad empleando una porción mayor de su propia mente. A menudo pensamos en el intelecto y la intuición como funciones independientes. A través de la meditación usted podrá alinear estas funciones como compañeros en su sendero creativo.

- *Existe una inteligencia interna que proviene de su propio espíritu.* Todos tenemos una voz interna. Esta voz interior nunca se aleja, sin importar lo que hagamos para ignorarla. Puede ser casi inaudible, irreconocible en medio de la diaria conversación mental, pero que nunca lo traicionará. Su propósito es guiarlo hacia el mejor camino de su expresión espiritual. Cuando usted medita, se transporta a un estado de calma en el que la voz se puede oír con enorme nitidez. El espíritu dentro de su ser se puede escuchar, ver o sentir dentro de su cuerpo. Esta voz posee la inteligencia de la edad, aun en niños pequeños. Cuando usted alcanza la madurez, se puede convertir en su mejor amiga o puede ser percibida como una eterna plaga.

- *Junto con su propia sabiduría, existe una inteligencia que prevalece en el mundo.* Más allá de su voz interna, puede percibir esta gran mente. Algunas personas le llaman la Mente Planeta. Personificamos esta mente como a la Madre Tierra, por ejemplo. Una vez, había un comercial de margarina que decía: "No se meta con la Madre Naturaleza". Esta idea pudo haberse presentado en la mente del escritor durante la meditación. Es como un mensaje directo que la gente recibe a menudo cuando medita. Algunas personas piensan en esta fuente como la Mente Universal. Así como su mente lo mantiene ocupado con fuentes de información, la Mente Universal fluye constantemente, guiándonos, codeándonos y hasta empujándonos en diferentes direcciones. Por definición, todas las cosas existen dentro de la Mente Universal. Se dice que todas las esperanzas, las penas y las aspiraciones pueden existir en ella. El pasado, el presente y el futuro están ahí y podemos percibir su trabajo todo el tiempo. Aunque por lo general nos encontramos muy ocupados con otros pensamientos. La meditación nos abre a la experiencia de un modo más directo, y nos entrena para desarrollar un fácil acceso a esa fuente de sabiduría.

- *Podemos recibir transmisión directa de otra mente.* Seguramente ha escuchado acerca de la telepatía, la clarividencia y otras formas de sabiduría que no provienen de medios ordinarios. La transmisión directa es uno de estos conductos. Normalmente, una maestra enseña su lección a través de palabras, imágenes, sonido o tacto. Incluso un chef utiliza el gusto para enseñar a sus estudiantes. Sin embargo, su maestra puede hacer contacto con su mente de forma directa, sin que intervengan los sentidos normales. A través de este contacto directo usted absorbe el significado de la lección sin necesidad de filtrarlo de la manera ordinaria. Estas transmisiones pueden venir de una maestra que usted ha buscado, o de alguna fuente que lo esté buscando a usted. Los canalizadores o médiums han escrito acerca de una fuente en las Pléyades, un grupo de estrellas en la constelación de Tauro. Esta fuente aparentemente envía mensajes a un grupo de personas que están abiertas a escucharlos. Alice Bailey escribió sobre su fuente *el Tibetano*, un maestro ascendente.

- *La información viene directamente de Dios o de la Divinidad.* Los profetas escuchan la palabra de Dios y la comparten con sus seguidores. Los chamanes, miembros de una tribu que actúan como médiums entre el mundo real y el mundo espiritual, utilizan esta clase de contacto directo con el alto mando para efectuar curaciones. Muchas prácticas religiosas han sido concebidas para permitir que la voz de la Divinidad entre directamente en usted. El mundo es rico en mitología que explica la naturaleza de los dioses y las diosas, y documentan sus interacciones con la humanidad. Oramos —por una visión, una guía, la comodidad, la sabiduría— a un dios o a una diosa a los que hemos personificado para que la conexión sea más intensa.

Algunas veces los ángeles se les aparecen a las personas gloriosamente. Su apariencia puede describirse como un cambio en nuestra vida. En ocasiones se comunican con usted con una voz callada que sólo puede ser escuchada a través de la meditación. Un ángel emplea la voz y la apariencia que trabajarán mejor para usted. Recuerdo la historia que me contó una amiga. Una vez, ella se encontraba en un nivel muy bajo en su vida; tan bajo, que creía no poder seguir viviendo. Entonces acudió a una iglesia y se sentó a rezar. Me dijo que ni siquiera la oración podía ayudarla, ya que su desesperación era muy profunda. Mientras permaneció sentada dentro del templo, una mujer de apariencia ordinaria apareció a su lado. Ella no había oído sus pasos en el suelo del pasillo; la mujer se encontraba ahí simplemente, sin decir nada, pero un sentimiento de bienestar prevaleció en el espacio alrededor de ambas. Mi amiga se sintió calmada, la seguridad emanaba de la otra mujer. Después de unos minutos se dio cuenta de que había desaparecido, sigilosa como se había presentado. ¿Quién era aquella mujer? Mi amiga estaba segura de que se trataba de la Virgen María. Otra persona la hubiera visto como a un ángel. Una más, como una expresión de la Divinidad. Otras, como una mujer ordinaria que parecía callada y serena. No tiene importancia si la mujer era sólo una visión, una entidad verdadera o una persona común. Mi amiga, aún dentro de su desesperación, creía lo suficiente para experimentar la fuerza poderosa en ese día. Esta fuerza le dio el vigor para continuar viviendo, para encontrar el camino a pesar de su desesperada situación. También reveló la profunda capacidad de mi amiga para abrigar compasión. Ahora tiene una maestría en psicología y ha ayudado a cientos de personas a encontrar el camino fuera de la desesperación. Aunque muchos de nosotros no poseamos una vivencia tan intensa, podemos beneficiamos al permanecer abiertos a otras experiencias espirituales. Estamos físicamente saludables cuando nos enfrentamos al mundo a través de actividades positivas y saludables. Estamos mentalmente saludables cuando entrenamos nuestra mente a concentrarse claramente y a pensar con claridad. Estamos emocionalmente saludables cuando nos comunicamos bien con otras personas y resolvemos los problemas que de otra manera continuarán plagando nuestros sentimientos. La salud espiritual es igual. Al abrirnos a la posibilidad de la Divinidad, nos enriquecemos de una manera que el dinero no nos puede brindar.

Ejercicio 59
Percibiendo la Divinidad

1. Comience su meditación como de costumbre.

2. Respire profunda y rítmicamente, y relájese en una meditación confortable.
3. Continúe por un tiempo confortable.
4. Identifique cuáles pensamientos o sentimientos se presentan durante la meditación.

¿Qué ha experimentado? ¿Un pequeño calambre en la pierna? ¿Algún color brillante dentro de su campo visual? ¿Una cara o una
figura? ¿Pensamientos acerca del trabajo que necesita hacer hoy?
Lo que haya experimentado, es parte de usted y una expresión de
la Divinidad. Es parte de usted porque lo ha experimentado, si
no es que por otra razón. Es una expresión de la Divinidad porque todo lo que usted experimenta es una parte de dicha expresión. No piense que su experiencia no tiene significado. La vida de
todos tiene un significado y un valor, aunque no podamos entenderlo.

Muchas veces me doy cuenta de que mi mente divaga mientras trato de meditar. Me sorprende la cantidad de pensamientos que se presentan y me mantienen ocupada. También encuentro
que eventualmente pienso acerca de alguien más, o acerca de personas que luchan con algún problema. Cuando sucede, descubro
que literalmente me abrigan los pensamientos compasivos referentes a ellas. Percibo la dificultad y desearía tener la habilidad
para ayudarlas. Ahora sé que no siempre les puedo ayudar directamente. Sin embargo, creo que al mantenerlas en mis pensamientos compasivos son levantadas espiritualmente. Las oraciones, los tratamientos, los mantras y los encantos trabajan. Todo
esto nos ayuda a mantenernos en contacto con la Divinidad de
una manera creativa y positiva. Las palabras exactas no son tan
importantes como la intención, aunque ciertas frases parecen tener

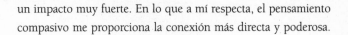

un impacto muy fuerte. En lo que a mí respecta, el pensamiento compasivo me proporciona la conexión más directa y poderosa.

Resumen

Es mi creencia que cada uno de nosotros es único, por lo tanto tenemos una conexión única con la Divinidad. No es necesario tener una religión específica. Debemos mantener nuestra persona flexible, abierta y espiritual Muchos encontramos soporte espiritual en las iglesias o en nuestras creencias. Es el testamento de lo que creemos como seres vivientes. En las diferencias que existen entre el pensamiento y el sentimiento, cada quien sigue un camino único hacia lo espiritual. La meditación puede ser ambos: una guía y una ayuda a través del camino.

EPÍLOGO

ESPACIO Y CLARIDAD

> Existe un observador que se sienta detrás de mis ojos. Parece
> como si hubiera observado cosas en épocas y tiempo que se
> encuentran más allá del límite de la memoria, y estas visiones
> olvidadas gusten en la hierba y tiemblan en las hojas. Él ha visto
> bajo nuevos velos la cara de la persona amada.
>
> RABINDRANATH TAGORE, *Colección de obras y poemas*

Cuando empezó a leer este libro usted ya tenía alguna idea de
lo que esperaba obtener al practicar la meditación. Ha practicado algunos ejercicios —si no es que todos— y ha descubierto
que varios de ellos se acoplan a su persona. Ha establecido un lugar
para practicar la meditación y destinado algunos minutos al día
(todos los días) con el fin de encontrarse consigo mismo.

Necesita espacio para aclarar sus pensamientos.

Imagínese una red para pescar, doblada en un bulto. Cuesta
trabajo darse cuenta de lo que ese bulto es. Imagínese que está buscando un agujero en la red para remendarlo. Será necesario que
la extienda con el fin de examinarla cuidadosamente. Entonces,
descubre el agujero y lo repara. Mientras lo hace, se encuentra
con todos los lugares débiles en la red. Ahora los puede compo-

ner antes de que se rompan. Ya está listo para atrapar más peces. El proceso de meditación se parece mucho a este ejemplo. Usted crea el espacio en el que va a examinar a su ser mental, emocional y espiritual. Examina su mente. Empieza una amistad consigo mismo y ejecuta los cambios necesarios en la manera en que se mira a sí mismo. Entonces es capaz de cambiar el mundo de una forma en la que nunca imaginó posible.

BIBLIOGRAFÍA

Acredolo, Linda, "Q & A with Dr. Dean Ornish", http://my.webmd. com/content/article/3079.682

Anonymous, "Karma Yoga: Path of Selfless Action", http://www. talamasca.org/avatar/yoga3.html

Bailey, Alice, *Esoteric Astrology*, Nueva York, Lucís Publishing Company, 1979.

Bandler, Richard, y John Grinder, *Frogs into Princes: Neuro Linguistic Programming*, Moab, Utah, Real People Press, 1979.

Barbor, Cary, "The Science of Meditation", Psychology Today 34 (2001): 54.

Bennet, E. A. *What Jung Really Said*, Nueva York, Schocken Books, 1967.

Bercholz, Samuel, y Sherab Chodzin Kohn (eds.), *An Introduction to the Buddha and His Teachings*, Nueva York, Barnes &. Noble, 1993.

Braly, James, *Dr. Braly's Food Allergy and Nutrition Revolution: For Permanent Weight Loss and a Longer, Healthier Life,* Nueva York, McGraw-Hill, 1992.

Clagett, Alice B., y Elandra Kirsten Meredith (comps.), *Yoga for Health and Healing*, Santa Mónica, California, Alice Clagett, 1994.

Clement, Stephanie Jean, y Terry Lee Rosen, *Dreams: Working Interactive*, Saint Paul, Minnesota, Llewellyn, 2000.

Dalai Lama, H. H., *The. Path to Tranquility*. Nueva York, Viking, 1998.

De Bono, Edward, *Serious Creativity: Using the Power of Lateral Thinking to Create New Ideas*, Nueva York, Harper Collins, 1992.

Frost, Robert. "Mending Wall", *In Concise Anthology of American Literature*, editado por George McMichael, 2ª ed., Nueva York, Macmillan, 1985.

Hanh, Thich Nhat, *The Heart of the Buddha's Teaching*, Nueva York, Broadway Books, 1999.

Harrington, Jacine, *The Beauty of Yoga*, Saint Paul, Minnesota, Llewellyn, 2001.

Heraclitus, *Fragments*, Toronto, Canadá, University of Toronto Press, 1987.

Holmes, Ernest. *The Science of Mind*, Nueva York, Dodd, Mead and Company, 1938.

The I Ching, or Book of Changes, Richard Wilhelm (trad.), Bolling en Series, núm. 19, Princeton, N. J., Princeton University Press, 1984.

Judy, Dwight H., *Christian Meditation and Inner Healing,* Nueva York: Crossroad, 1991.

Jung, C. G., *Mandala Symbolism*, Princeton, N. J., Princeton University Press, 1969.

Karthar Rinpoche, Khenpo. *Dharma Paths*, Ithaca, N. Y., Snow Lion, 1992.

—————, *Transforming Mental Afflictions and Other Selected Teachings*, Big Rapids, Mich., KTD Dharma Goods, 1997.

Kübler-Ross, Elisabeth, *The Wheel of Life*, Nueva York, Touchstone, 1997.

Kumar, Ravindra, *Kundalini for Beginners*, Saint Paul, Minnesota, Llewellyn, 2000.

Markova, Dawna. *The open Mind*, Berkeley, California, Conari Press, 1996.

Ortega y Gasset, José, *Mission of the University*, Nueva York, W. W. Norton, 1944.

Pond, David, *Chakras for Beginners*, Saint Paul, Minnesota, Llewellyn, 1999. También publicado en español como: *Chakras para principiantes*, Saint Paul, Minnesota, Llewellyn en español, 2000.

Renée, Janina, *Tarot for a New Generation*, Saint Paul, Minnesota, Llewellyn, 2001.

Rilke, Rainer María, *Sonnets to Orpheus*, Nueva York, W. W. Norton, 1970.

—————, *Translations*, M. D. Herter Norton (trad.), Nueva York, W.W. Norton, 1993.

Rivera, Rudy, *Your Hidden Food Allergies Are Making You Fat*, Nueva York, Prima Communications, 1998.

Singh Khalsa, M. S. S. Guincharan, *Kundalini Yoga/Sadhana Guidelines*, Pomona, California, Kundalini Research Institute, 1978.

Stuber, William, *Gems of the 7 Color Rays*, Saint Paul, Minnesota, Llewellyn, 2001.

Tagore, Rabindranath, *The Collected Poems and Plays*, Nueva York, Macmillan, 1993.

Tohei, Koichi. *Ki in Daily Life*, Tokio, Japan Publications, 2001.

Trungpa Rinpoche, Chogyam, *Meditation in Action,* Berkeley, California, Shambhala, 1969.

Vennells, David F., *Reflexology for Beginners*, Saint Paul, Minnesota, Llewellyn, 2001.

——————, *Reiki for Beginners*, Saint Paul, Minnesota, Llewellyn, 1999. También publicado en español como *Reiki para principiantes* Saint Paul, Minnesota, Llewellyn en español, 2000.

Wenger, Silvia, "The Training of Attention and Unconditional Presence in Dance/Movement Therapy", tesis de maestría, Naropa Institute, 1989.

Wilber, Ken, *Eye to Eye*, Nueva York, Doubleday, 1983.

——————, Up /rom Eden, Nueva York, Doubleday, 1981.

ÍNDICE TEMÁTICO

NOTAS

Introducción

1. Wilber, *Ojo a ojo*, p. 44.
2. Ortega y Gasset, *Misión de la universidad*, p. 59.
3. Wilber, *Arriba del Edén*, p. 12.

Capítulo 1

1. Karthar Rinpoche, *Transformando*, p. 5

Capítulo 3

1. Karthar Rinpoche, *Transformación*, p. 9.
2. Wenger, *Entrenando la atención*, p. 6.

Capítulo 4

1. Karthar Rinpoche, *Transformación*, p. 8

Capítulo 5

1. Karthar Rinpoche, *Transformación*, p. 162.

Capítulo 6

1. Trungpa Rinpoche, *Meditación en acción*, pp. 20-21.
2. *Ibidem*, p. 52.

Notas

Capítulo 7

1. Acredolo, "Q&A".
2. Barbor, *La ciencia de la meditación*, p. 54.
3. *Ibidem*, p. 58.

Capítulo 8

1. Bennet, What Jung Really Said, p. 55.

Capítulo 10

1. Singh Khalsa, *Guía para el kundalini yoga/sadhana*, p. 15.

Capítulo 15

1. Kübler-Ross, *La rueda de la vida*, p. 223.
2. Stuber, *Gemas de los rayos de siete colores*, pp. 143-144.

Capítulo 18

1. Dalai Lama, *El camino hacia la tranquilidad*, p. 311.
2. *Ibiddem*, p. 385.